# Geistiges
# und künstlerisches
# Schaffen

*Aus dem Französischen übersetzt*
Originaltitel:
Création artistique et création spirituelle



ISBN 978-3-89515-052-4

Druck 2011: Interpress, Ungarn

Omraam Mikhaël Aïvanhov

# Geistiges und künstlerisches Schaffen

Reihe Izvor – Band 223

PROSVETA VERLAG

*Da Meister Omraam Mikhaël Aïvanhov seine Lehre ausschließlich mündlich überlieferte, wurden seine Bücher aus stenografischen Mitschriften, Tonband- und Videoaufnahmen seiner frei gehaltenen Vorträge erstellt.*

# INHALT


I Kunst, Wissenschaft und Religion ............... 7
II Die göttlichen Quellen der Inspiration ........ 14
III Die Aufgabe der Fantasie ........................... 28
IV Dichtung und Prosa .................................. 40
V Die Stimme .................................................. 56
VI Chorgesang ................................................ 65
VII Die beste Weise, Musik zu hören ............... 74
VIII Magie der Gestik ..................................... 83
IX Die Schönheit ........................................... 106
X Idealisieren als Mittel zum Erschaffen ...... 120
XI Das lebendige Meisterwerk ...................... 136
XII Der Aufbau des Tempels.......................... 148
Nachwort ...................................................... 155

# I

# KUNST, WISSENSCHAFT UND RELIGION

Um die Kunstproblematik möglichst anschaulich darzulegen, ist es notwendig, von der menschlichen Struktur auszugehen.

Der Mensch kann als eine Dreiheit definiert werden: Er denkt durch seinen Intellekt, fühlt durch sein Herz und wirkt durch seinen Willen. Der Gegenstand des Intellekts ist die Wissenschaft, der Bereich des Herzens die Religion, die Moral. Der Wille muss handeln, gestalten, kreieren. Deswegen kann man sagen, die Kunst gehöre zum Bereich des Willens. Musik, Tanz, Bildhauerei und Dichtkunst, Architektur, Malerei usw. sind unterschiedliche Ausdrucksmöglichkeiten, die der Mensch gefunden hat, um das, was seinen Kopf und sein Herz erfüllt, in die äußere Welt zu übertragen. Kunst steht also in enger Verbindung mit Wissenschaft und Religion.

Wissenschaft strebt nach Licht, Religion nach Wärme und Kunst nach Kreativität. Leider haben sich die Menschen angewöhnt, jede für sich zu sehen, sie sogar gegeneinander zu stellen. Wie oft wurden schon Wissenschaft und Kunst von der Religion abgelehnt; wie oft hat die Wissenschaft die Religion verhöhnt, die Kunst als unbedeutsam erklärt, während die Kunst sich über die auf sie bezüglichen Meinungen der Wissenschaft und Religion mokiert. Jedoch im Leben, in der Natur, im Menschen selbst zeigt es sich, dass die drei zusammengehören, gemeinsam wirken. Nie haben die Eingeweihten diese drei Bereiche getrennt. Jetzt, da die Trennung vollbracht ist, ist die Religion nicht mehr im Stande, die Wissenschaftler festzuhalten, die sie verwerfen. Diese Ablehnung kommt aber in Wirklichkeit daher, dass ihnen die wahre Wissenschaft verschlossen bleibt; ihre Wissenschaft ist lediglich auf die physische, grobstoffliche Ebene ausgerichtet. Von der wahren Wissenschaft haben sie keine Ahnung; die wissenschaftliche Erkenntnis der »drei Welten«, auf denen doch alle Religionen beruhen, bleibt ihnen unzugänglich. Die Kunst ist zwischen beiden ins Schwanken geraten: Entweder sie widersetzt sich der Moral und der Religion oder sie steht im Widerspruch zur Wissenschaft.

Ich wiederhole es nochmals: In der Natur bilden Religion, Wissenschaft und Kunst ein Ganzes. Nur im Kopf der Menschen sind sie voneinander getrennt. Solange diese Trennung besteht, wird das wahre Verständnis fehlen. Wissenschaft, Religion und Kunst bilden eine Einheit. Aus dieser Einheit heraus kann alles erklärt, alles begriffen werden. Man sollte die Aktivitäten des Herzens, des Intellekts und des Willens niemals trennen. Alle drei sollten fest miteinander verbunden und vereint dieselbe Richtung einschlagen. Das Herz sollte das, was der Intellekt gebilligt hat, mit eigener Kraft, Liebe und Begeisterung unterstützen und der Wille sollte es durch Handlungen bestätigen. Wenn der Intellekt mit dem, was das Herz spürt, nicht in Einklang steht und sich widersetzt oder wenn der völlig haltlose Wille nur eingesetzt wird, um den Intellekt oder das Herz zufrieden zu stellen, gerät der Mensch in Gefahr. Die Wissenschaft ist ein Bedürfnis des Intellekts, die Religion ein Bedürfnis des Herzens und die Kunst ein Bedürfnis des Willens, etwas zu kreieren, zu gestalten. Diese drei Bedürfnisse sind miteinander verbunden. Denn was ihr denkt, wird zuerst empfunden, dann geliebt und schließlich ausgeführt.

Wie geht es im gewöhnlichen Leben? Zuerst schmiedet der Mensch Pläne. Dann wünscht er, sie auf der materiellen Ebene konkretisiert zu sehen. Schließlich macht er sich an die Arbeit, um diese Pläne auszuführen. Da haben wir es ja: Gedanke, Gefühl, Handlung. Immer sollte der Gedanke der Handlung vorangehen. Sicher tun es einige oft umgekehrt: Sie handeln, ohne auf die Frage gründlich einzugehen. Daraus ergeben sich selbstverständlich Fehlschlüsse, Leid und Bedauern. Darf man ohne sachliche Überlegung handeln? Ja, aber vorausgesetzt, dass der Mensch völlig geläutert und so hoch entwickelt ist, dass ihm jede Anregung zum Handeln von der Gottheit selbst übertragen wird. Gewiss gibt es – aber selten genug – außergewöhnliche Wesen, die sich mit der Gottheit durchaus identifiziert haben. Sollten solche Wesen vor jeder Handlung nachdenken, dann würden sie ein rein menschliches Element in sich aufnehmen, das für die göttlichen Strömungen, denen sie sich ganz und gar anpassen, eine Störung bedeuten würde. Nach der Handlung schauen diese Wesen sich an, was sie getan haben, und stellen fest, dass alles gut ist. Sie handeln wie Gott selbst. Merkt euch einmal, wie die Genesis die sechs Tage der Schöpfung darstellt: Jeden »Tag« sprach Gott ein paar Worte. So sind die unterschiedlichen Elemente des Universums zutage getreten. Am Ende jedes einzelnen Tages hat Gott festgestellt, »es sei gut«. Will man handeln wie Gott, so muss man Ihm ähnlich sein. Solche Ähnlichkeit anzustreben, kommt für uns einem anhaltenden Arbeitsaufwand von Äonen gleich!

Im Laufe der Jahrhunderte – je nach der Entwicklungsstufe der jeweiligen Zivilisation – haben Wissenschaft, Religion und Kunst um den Vorrang gestritten. Im Abendland ist die Religion lange

Zeit vorherrschend gewesen. Dadurch wurde die Entfaltung von Kunst und Wissenschaft gehemmt. Dann setzte eine Periode ein, in der die Kraft der Religion nachließ. Endlich gewann die Wissenschaft die Oberhand. Heutzutage sieht es so aus, als verfügten die Künstler über die Zukunft. Sie werden immer mehr geliebt und gefeiert, als wolle sich der Himmel derzeit durch die Künstler, Musiker, Dichter, Maler und Bildhauer offenbaren. Aus welchem Grunde?

Nichts ist für die Menschen wesentlicher als die Kunst. Das geht auf die Kindheit der Menschheit zurück. Welches sind übrigens die ersten Ausdrucksmöglichkeiten eines Kindes? Philosophie, Wissenschaft und Moral sind für das Kind noch keine Begriffe. Dagegen ist es schon ein Künstler. Es gestikuliert, schreit, hat ein lebhaftes Mienenspiel. Boshafte Zungen behaupten, dass es weine. Aber nein! Ich will es richtig stellen und sage also, dass es sich eben im Singen versucht, wenigstens übt es tüchtig, bis Kehlkopf und Lunge sich vollends entwickelt haben. Schaut euch doch an, wie es tanzt – auch wenn es kaum stehen kann – und wie es zeichnet und malt, bevor es Lesen und Schreiben gelernt hat. Stellt ihm Würfel oder Sand zur Verfügung, da ragen schon Häuser und Burgen empor. Das Kind ist Architekt geworden!

Die Kunst hat als Erste die Geschichte der Menschheit geprägt. Dann hat die Religion eine überwiegende Rolle gespielt. Später ist es der Wissenschaft gelungen sich durchzusetzen. In der Zukunft – ich betone es nochmals – wird die Kunst wieder die Oberhand gewinnen. Warum die Kunst, und nicht die Religion oder die Wissenschaft?

Seit Jahrhunderten ist die Religion – oder eher die Vertreter der Religion – ihrer Aufgabe nicht wirklich gewachsen. Die geistigen Ziele wurden aufgegeben und durch materielle Zwecke ersetzt: Autorität, Prestige, Macht und Geld. Statt die Menschen im wahren Glauben zu unterweisen, haben sie ihnen den Fanatismus beigebracht. Statt die Menschen zu befreien, haben sie des Öfteren lediglich nach Unterwerfung und Ausbeutung gestrebt. Jesus pflegte den Pharisäern und Schriftgelehrten zu sagen: *»Weh euch, Schriftgelehrte und Pharisäer, ihr Heuchler, die ihr das Himmelreich zuschließt vor den Menschen! Ihr geht nicht hinein, und die hinein wollen, lasst ihr nicht hineingehen«* (Mt 23,13). Solch ein Vorwurf ist für die meisten Kleriker aller Religionen gültig. Deswegen verlassen die Menschen in immer größerer Anzahl die Kirchen und Tempel. Was nun die Wissenschaft anbelangt, so wird sie zu solchen Spitzenleistungen herausgefordert, dass sie letzten Endes eine Angelegenheit von Spezialisten geworden ist. Auch wenn die Menschen wohl die Vorteile sehen, die die Forschungsergebnisse mit sich bringen, gehen diese doch weit über ihr Begriffsvermögen hinaus und können folglich wenig Interesse wecken.

Gegenwärtig vermag die Kunst allein die Menschen innerlich zu bewegen. Sie kann uns für das wirkliche Leben aufnahmebereit machen. Damit soll nicht gesagt werden, dass keine Kritik angebracht wäre, was die aktuellen Formen der Kunst betrifft, im Gegenteil. Man könnte sogar behaupten, die Kunst sei weit entfernt von dem, was die Eingeweihten unter dem Wort »Kunst« verstehen, d. h. eine Tätigkeit, die die wirkliche Wissenschaft und die wirkliche Religion mit einbezieht. Die Kunst ist es, die die Welt erlösen wird, aber nur eine Kunst, die zielbewusst und durch die Wahrheiten der Weisheit und der Liebe verklärt ist. In Zukunft wird den Künstlern der Vorrang gebühren, denn der wahre Künstler ist Priester, Philosoph und Wissenschaftler zugleich. Die Aufgabe des Künstlers besteht eben darin, das auf der materiellen Ebene zu verwirklichen, was die Intelligenz als wahr konzipiert und das Herz als gut spürt, damit die höhere Welt, die Welt des Geistes herabzukommen und sich in der Materie zu verkörpern vermöge.

II

# DIE GÖTTLICHEN QUELLEN DER INSPIRATION

Auf Erden kann der Mensch überhaupt nichts verbessern, solange er nicht fähig ist, sich durch seine Gedanken zu erheben, um andere Bilder, andere Daseinsformen zu betrachten, die über ihm stehen und ihm als Vorbilder oder Ratgeber dienen können.

Jesus sagte: *»Dein Wille geschehe wie im Himmel so auf Erden«* (Mt 6, 9-13). Hätte Er selbst nicht den Himmel gesehen, so wäre Er nicht imstande gewesen, einen solchen Wunsch zu äußern. Im Himmel herrscht eine derartige Pracht und Vollkommenheit, dass man sich nur wünschen kann, die Erde werde eines Tages zu seinem Spiegelbild. Als notwendige, grundlegende Voraussetzung dafür sollte aber der Mensch fähig sein, sich den irdischen, so mittelmäßigen, faden und chaotischen Verhältnissen zu entziehen, um zuerst die himmlischen Sphären anschauen zu können, dann wieder auf die materielle Ebene hinabzusteigen, wo er die Dinge genau nach den wahrgenommenen Vorbildern richtig stellen und organisieren könnte. Darin besteht eben die Aufgabe der Eingeweihten: In ihrer Meditation, in ihrer Versenkung vermögen sie der himmlischen Vollkommenheit gewahr zu werden, sie zu sich herabzuholen; sie bemühen sich dann, ihr einen Ausdruck hier auf Erden zu geben. Solches Verfahren ist in den esoterischen Schulen üblich. Aber die Menschen, die diese Methode nicht kennen, sind nicht daran gewöhnt, die materielle Ebene zu verlassen und eine höhere Welt wahrzunehmen; darum haben sie letzten Endes etwas Abscheuliches aus dem irdischen Bereich gemacht.

Das Ziel der Meditation, der Versenkung ist kein anderes, als dem Menschen die nötigen Mittel zu verschaffen, damit er sich zu einem höheren Bewusstseinszustand entwickeln kann, was sich dann auf seinen Geschmack, sein Verhalten, sein Urteilsvermögen auswirkt. Das Wesentliche ist aber zu wissen, wie man sich dabei anstellen soll, welches Thema aufzugreifen ist. Viele meditieren, aber ihre Themen sind höchst prosaisch: die Erledigung ihrer eigenen Angelegenheiten, finanzielle Gewinne, die beste Weise, eine Frau zu küssen usw. »Was machst du? – Ich meditiere!« Worüber er meditiert, weiß der liebe Gott allein! Auch die Katze meditiert, sie meditiert über die beste Art und Weise, eine Maus zu fangen. Es gibt unterschiedliche Stufen im Bereich der Meditation. Trotz ihrer Meditationen waten die Menschen immer noch in denselben Schwächen, denselben Lastern, denselben Grobheiten. Da haben wir den Beweis, dass sie mit dem geheimnisvollen Verfahren der Meditation noch nicht vertraut sind.

In der wirklichen Meditation schwingt sich der Mensch bis zu einer Welt hinauf, die seine eigene Welt übertrifft. Er wird in Entzückung versetzt und von dem Wunsch beseelt, diese Entzückung widerzuspiegeln. Sitzt ihr nach einer Meditation abgestumpft und matt da, spürt ihr keinen innerlichen Schwung, dann ist eure Meditation nutzlos gewesen. Eine Meditation sollte wenigstens eine Veränderung bewirken, in eurem Blick, in eurem Lächeln, in euren Gesten, in eurem Gang. Sie sollte all dem etwas Neues, Subtileres hinzufügen, ein Teilchen wenigstens, das mit der göttlichen Welt in Einklang steht. Das sind die Kriterien, die uns ermöglichen, unsere Meditation richtig zu beurteilen.

In der ersten Phase der Meditation steht der Intellekt im Vordergrund; er greift ein erhabenes Thema heraus, auf welches ihr euch konzentriert. Nach einer Weile sollte aber die Konzentration nachlassen und in die kontemplative Phase übergehen: Überlasst euch dann der Betrachtung dieser Pracht und Herrlichkeit, denn es ist euch gelungen, eine Verbindung herzustellen. Lasst euch von dieser Pracht durchfluten; und – wenn möglich – versucht, euch mit ihr zu identifizieren. Die erste Phase besteht also aus der Meditation und der Konzentration; dann setzt die Kontemplation ein: Fixiert euch auf ein Idealbild. Lasst euch durchfluten, labt euch, und ihr werdet glücklich sein. Versucht, euch mit diesem Idealbild zu identifizieren, bis ihr in einem Gefühl der Vollendung schwebt. Sind das nicht verwertbare, segensreiche Methoden? Sie können, wenn ihr mit ihnen vertraut seid, zu erheblichen Ergebnissen führen. Andernfalls wird euer ganzes Leben sinnlos vorübergehen. Ihr werdet euch nur einbilden, ihr hättet schon etwas geleistet, während ihr in Wirklichkeit überhaupt nichts getan habt.

Alle anerkannten Genies der Vergangenheit – Maler, Bildhauer, Musiker oder Dichter – haben nach solchen Methoden gearbeitet. Auf diese Weise sind die Meisterwerke der Menschheit entstanden.

Bevor sie die Arbeit begannen, sammelten sich die Künstler, meditierten und baten um göttlichen Segen; denn das Licht, das die Fantasie erleuchtet, wird nur vom Himmel verliehen. Es enthüllte sich dann die wirkliche Schönheit vor ihren geistigen Augen, und es wurde ihnen möglich, diese Schönheit zum Ausdruck zu bringen, sie zu übertragen. Gelingt es dem Menschen, diese höhere Verbindung herzustellen, dann wird er imstande sein,

Meisterwerke zu schaffen. Wie kommt das? Eben dadurch, dass alles, was sich in ihm abspielt, mit dem spirituellen Licht, das ihn durchflutet, in Einklang steht. Nichts Unsterbliches kann außerhalb des Geistes entstehen.

Ihr könnt euch sicher an zahlreiche Gedichte aus dem Altertum erinnern: Am Anfang stand immer eine Beschwörung der Götter oder der Musen, die als Anweisung für den Künstler gelten sollte. Bevor er zu schaffen begann, wandte er sich den höheren Wesen zu mit der Bitte, sie mögen ihn bei seiner Arbeit unterstützen. Seele und Geist des Menschen sind mit Antennen versehen, die die Vereinigung mit der Gottheit ermöglichen. Gott hat den Menschen nach Seinem Ebenbild erschaffen. Folglich hat Er ihn fähig gemacht, prachtvolle Dinge an den Tag zu bringen. Diese potenzielle Begabung sollte er nicht vernachlässigen, wie es die meisten Menschen heutzutage tun, sondern sie pflegen und entwickeln.

Wo sind denn die Künstler, die beten und meditieren, bevor sie zu schaffen beginnen? Alle sind Genies, das leuchtet jedem ein! Wozu denn eine Hilfe vom Himmel? Sie brauchen keine Inspiration. Dieses Element von oben, das den Werken der Vergangenheit derartigen Wert verleiht, wird folglich nicht mehr in ihren Leistungen mit einbezogen sein, sondern durch die Widerspiegelung von dem höllischen Element des Unterbewusstseins ersetzt. Die Künstler, die solche Werke schaffen, führen die Menschheit in den Abgrund. Genauso steht es mit den Denkern und den Schriftstellern, die weder meditieren noch Ekstasen erleben, die sich nie zu den himmlischen Sphären hinaufgearbeitet haben, um die Struktur des Universums wahrzunehmen. Sie schreiben Bücher, die ihre Leser völlig zersetzen, Zweifel, Aufstand und Lust zur Unordnung und Anarchie erwecken. Viele Werke werden heutzutage von Schriftstellern produziert, die sich nie bemüht haben, sich bis zu den höheren Sphären des Geistes zu erheben. Ihr wundert euch, woher ich das weiß? Einfach durch den inneren Zustand, den diese Werke in uns hervorrufen. Gelingt es einem Schriftsteller nicht, die höhere Natur in uns zutage zu fördern, dann ist es ein Beweis, dass er den Himmel nie aufgesucht hat.

Wenn ihr euch die Meisterwerke eines mit dem Himmel eng verbundenen Künstlers anschaut, kommt ihr selbst in Verbindung mit Wesen, die euch überflügeln; ihr fangt an, mit den Erlebnissen ihres Schöpfers selbst vertraut zu werden; ohne euer Zutun fühlt ihr euch fast dazu gezwungen, auch den von ihm begangenen Weg einzuschlagen. Der Künstler reißt euch mit in die Bereiche, die er selbst wahrgenommen und ausgekostet hat. Da liegt die Zweckmäßigkeit der Kunst, ihre didaktische Seite. Erhebt sich der Mensch zu den höheren

Regionen, dann vermag er sich Teilchen herauszuholen, die in ihm weiterarbeiten und deren Schwingungen so beschaffen sind, dass sie sogar Wandlungen auf der ganzen Welt bewirken. Darin besteht das Ideal eines wirklichen Künstlers, eines Eingeweihten.

Eingeweihte, Mystiker und Künstler haben das gemeinsam, dass sie sich auf die Menschheit günstig auswirken: die Künstler durch ihre Meisterwerke, die Mystiker durch ihre spirituellen Erlebnisse, ihre Tugenden; die Eingeweihten und die großen Meister durch ihre Tätigkeit, das Licht zu verbreiten. Die Meister stelle ich noch höher als die Vorigen, weil sie mit dem Himmel eine fast unmittelbare Verbindung herstellen können. Die Künstler machen sich an die Arbeit, um Formen hervorzubringen, die dem idealen Schönheitsbegriff möglichst entsprechen. Die Mystiker, die Geistlichen arbeiten an der Veredelung des psychischen und moralischen Lebens, also an dem Inhalt; die Eingeweihten, die großen Meister wirken im Bereich des Sinnes, also in der Welt der Ideen, der Prinzipien. Diese drei Kategorien von Menschen verbinden sich in dem gemeinsamen Wunsch, die Menschheit unentwegt zur Vervollkommnung zu bringen. Ihr unterschiedliches Verfahren entspricht aber ihren Fähigkeiten und Veranlagungen: Die ersten haben mit den Formen zu tun, die zweiten mit dem Inhalt, die dritten mit dem Sinn. Jeder

Kategorie (Künstler, Mystiker, Eingeweihte) werden unterschiedliche Möglichkeiten und Ausdrucksweisen verliehen; jede hat ihre eigene Bestimmung. Es geht um dieselbe Realität, dieselbe Quintessenz; in der Ausdrucksweise liegt aber die Differenzierung.

Diese drei Kategorien entsprechen den drei Grundprinzipien, auf denen die menschliche Beschaffenheit beruht: Geist, Seele und Körper – Intellekt, Herz und Wille – Gedanke, Gefühl und Handlung. In Wirklichkeit sind diese drei Prinzipien notwendig, aber die Intelligenz, der Verstand rückt in den Vordergrund; dann kommt die Moral, der mystische Sinn, ein weites empfängliches Herz; zuletzt die Handlung, das Wirken, um die ganze Welt umzuwandeln. Wer fähig ist, diese »drei Welten« der Philosophie, der Religion (die auch die Moral mit einbezieht) und der Kunst zu umfassen, gilt als vollkommener Mensch.

Das Gebet Jesu durchzuführen, ist das erste Anliegen eines Eingeweihten. *»Dein Wille geschehe wie im Himmel so auf Erden«*. Die gesamte esoterische Philosophie, das Gesamtprogramm des Schülers, des wirklichen Christen ist darin inbegriffen. Damit ist nicht gemeint, man solle sich lediglich mit dem Aussprechen der Formel zufrieden stellen und den Herrn nur darum bitten, Er möge andere (als uns selbst) beauftragen, dieses Gebet in die Tat umzusetzen; nein, uns obliegt die Verwirklichung. Unsere Pflicht ist es, uns mit dieser Aufgabe zu befassen, damit die Erde dem Himmel ähnlich werde.

Folgendes solltet ihr wissen: Um euch in die hohen Sphären hinaufzuschwingen und imstande zu sein, die himmlischen Realitäten wahrzunehmen und zu betrachten, müsst ihr bereit sein, all eure Zeit aufzuopfern, Liebe und Selbstüberwindung an den Tag zu legen. Tut ihr das nicht, dann wird es euch niemals gelingen, den Himmel in irgendeiner Form auf Erden zu verwirklichen. Denn die Dinge entstehen nicht irgendwie. Es ist ausgeschlossen, der Schönheit einen Ausdruck zu verleihen, ohne zuvor gelernt zu haben, wie man mit ihr in Verbindung kommt. Zahlreiche Künstler glauben jedoch fest daran, dass sie trotz ihres sinnlosen, chaotischen Lebens hervorragende Meisterwerke schaffen werden. Nein; solange sie nicht danach streben, Ordnung und Läuterung in ihr Leben einzuführen, werden sie lediglich Vogelscheuchen hervorbringen, die der von ihnen erreichten Entwicklungsstufe genau entsprechen.

Übrigens ist der Mensch nur, was er eben ist; die ewige göttliche Schönheit in ihrer ganzen Lauterkeit kann er in keine Form bringen. Wenn er diese Schönheit in sein Wesen, sein Herz, seinen Intellekt aufnimmt, prägt er sie doch, teilt ihr Elemente aus seiner eigenen Beschaffenheit, seinem eigenen Temperament mit. Das Ausmaß der Schönheit, das der Künstler erlangen und durch sein Werk ausdrücken kann, hängt also hauptsächlich davon ab, was er selber ist. Die Schönheit gleicht einem Lichtstrahl, dessen ganze Pracht erst dann sichtbar wird, wenn er durch ein völlig durchsichtiges Medium geht. Ist das Medium aber undurchdringlich, dann wird der Strahl abgelenkt und deformiert. Deswegen ist es so wichtig für den Künstler, dass er unermüdlich an sich selbst weiterarbeitet, bevor er zu kreieren beginnt. Seine Substanz wird dann durch und durch abgeklärt, dermaßen verfeinert, sublimiert, bis sie fähig wird, die göttliche Pracht und Herrlichkeit wie durch einen Kristall widerzuspiegeln.

Übrigens heißt es in Frankreich: »Das schönste Mädchen kann nur geben, was es hat.« Wer nichts besitzt, hat auch nichts zu verschenken. Das gilt umso mehr für den Künstler. Diese zur Kreativität erforderlichen Elemente müssen in ihm vorhanden sein. Führt jemand euch ein monströses Werk vor, dann ist das schon ein Beweis, dass er Ungeheuer in sich birgt; weiter braucht man nicht zu suchen. Man kann nichts Göttliches schaffen, wenn man nicht den Himmel in sich schalten und walten lässt. Um mehr zu geben als man ist, muss man seine eigenen Grenzen überschreiten. Der Künstler sollte bis zu jenen höchsten Sphären gelangen und dort die Elemente in sich aufnehmen, die er weitergeben will. Selbstüberwindung, das ist das Geheimnis der göttlichen Kunst. Sie allein befähigt den Künstler, seinen Mitmenschen etwas Besseres, Erhabenes vorzuführen.

Die Menschen hoffen immer auf etwas Neues, etwas Besseres, etwas Schöneres. Im Theater, im Kino, im Konzert, in den Bibliotheken, Ausstellungen und Museen jagen sie eben diesen Dingen nach. Alle bergen – tief in sich – dieses instinktive Verlangen nach etwas Besserem. Die Armen! Sie wissen nicht, dass sie sich bis zu den höheren Regionen der Seele und des Geistes hinaufschwingen sollten, um fähig zu sein, Inspiration zu erlangen, statt dieses »Bessere« im Konzert, im Theater, in der Music-Hall oder im Nachtlokal zu suchen.

Was versteht man unter dem Wort »Inspiration«? Eben eine Wesenheit, die sich eines Menschen bemächtigt und durch ihn eine Offenbarungsmöglichkeit sucht. Damit ihr mich besser versteht, nehmen wir das Beispiel eines Pianisten oder eines Violinisten, der in Konzerten auftritt. An bestimmten Abenden übt sein Spiel keine besondere Wirkung aus, niemand fühlt sich bewegt. Es strömt kein Fluidum, keine Ausstrahlung, keine Kraft aus ihm, überhaupt nichts, was seine Zuhörer bewegen, erschüttern oder in die höheren Regionen emporheben könnte. An anderen Abenden hingegen wird er plötzlich von etwas durchdrungen. Ohne sein Zutun – dieses bestimmte »Etwas«

in ihm weiß es aber genau – werden sein Anschlag, seine Gestik, sogar seine Haltung dem Instrument gegenüber völlig anders. Es treten unerklärliche Phänomene ein. Jeder sagt dann: »Wie wunderbar! Wie himmlisch! Eine solche Eingebung hat er gehabt!«

Der Esoterik zufolge ist die Inspiration nichts anderes als ein Kontakt, eine Verbindung mit einer Kraft, mit einer Intelligenz, mit einer Wesenheit, die aus höheren Sphären kommt. Sie lässt sich in uns nieder, und das, was wir zu vollziehen nicht imstande sind, führt sie aus. Ein Beispiel: Ein Dichter möchte schreiben, doch das Blatt Papier bleibt weiß; er selbst kommt sich leer vor, die Eingebung bleibt aus. Und plötzlich regt sich etwas in ihm; eine Erleuchtung, eine Strömung kommt über ihn, und er nimmt sie in sich auf. Er braucht sogar nicht mehr nach Worten zu suchen. Es ist, als diktiere ihm jemand, und er selbst staunt über den niedergelegten Text. Woher kommt das? Wer ist es, der genau Bescheid weiß, wo das Material zu finden ist? Wer vermag denn die nötigen Elemente zu sammeln, sie zusammenzustellen, um solche ausdrucksvollen Erscheinungsformen zu schaffen?

Auf sich selbst angewiesen, ist der Mensch nicht besonders fähig, geniale, übermenschliche, göttliche Leistungen zu vollbringen. Aber manchmal berühren und inspirieren ihn hochentwickelte Wesenheiten. Deswegen sollte er lernen, wie er solche

Wesenheiten heranziehen kann. Sie stehen in seiner Nähe und warten. Bemerken sie einmal einen Menschen, dem es gelungen ist, Licht, Ordnung und Frieden in sich walten zu lassen, dann überkommen sie ihn mit unbeschreiblicher Freude, helfen ihm und helfen den anderen durch ihn.

Der Drang, den die kosmische Intelligenz in uns eingeprägt hat, spornt uns immer wieder zu weiterer Arbeit an, damit die Menschheit auf dem Weg der Entwicklung vorankomme. Seht euch einmal die Pflanzen und Tiere an: Nach Jahrtausenden sind sie immer noch die Gleichen, sie entwickeln sich sehr langsam; die Menschen hingegen haben die Möglichkeit, rasch voranzukommen. Aber ohne Eingeweihte, ohne Meister, die sie führen und belehren, bleiben sie dermaßen unter dem Eindruck der äußerlichen, sachlichen, oberflächlichen Seite der Existenz, dass sie ihr zum Opfer fallen. Die bedeutendsten Freuden, die höchsten Befriedigungen suchen sie unentwegt um sich herum, in der Peripherie. Um das Ersehnte zu finden, sollten sie jedoch oben suchen – oder unten, in der Tiefe –, was eigentlich dasselbe ist, aber auf unterschiedliche Weise formuliert. Jede Gestaltung, die die Menschen zustande gebracht haben, ist nichts weiter als ein ferner Widerschein der göttlichen Welt.

Sogar die größten Künstler sind in ihren Ausdrucksmöglichkeiten begrenzt, und es ist ihnen nicht möglich, in ihren Stunden der Eingebung all das, was sie sehen, hören oder fühlen, genau zu übertragen. Selbst Beethoven, Mozart, Leonardo da Vinci, Michelangelo oder Rembrandt ist es nicht gelungen. Bildet euch nicht ein, die beste Möglichkeit der Entwicklung sei in den Museen vorhanden. Es ist schon richtig, sie zu besuchen, es lohnt sich sogar. Das habe ich auch getan; auf der ganzen Welt habe ich Museen und Ausstellungen besucht, Tempel und Kirchen besichtigt, bin ins Konzert, ins Theater gegangen. Es ist aber sehr wenig im Vergleich zu den Besichtigungen, die ich in anderen Regionen gewagt habe. In jenen Regionen habe ich eine Pracht und Herrlichkeit wahrgenommen und betrachten können, die alle Meisterwerke auf der Welt bei weitem übertrifft. Da habt ihr die Erklärung, warum ich mich oft ohne Achtung, ohne Bewunderung von bestimmten »Schöpfungen« distanziere. Ich bin nicht daran schuld, man hat mich andere Realitäten von überwältigender Schönheit und Vollkommenheit schauen lassen!

Bis jetzt habt ihr die von mir dargelegten Ratschläge und Methoden nachprüfen können: Sie sind vernünftig, glaubwürdig und gut. Das habt ihr feststellen können. Ich bitte euch, den Rat, den ich euch noch heute gebe, zu beachten: Um zum wirklichen Schöpfer zu werden, solltet ihr über euch selbst hinausgehen, euch übertreffen.

## III

## DIE AUFGABE DER FANTASIE

Die Fantasie wohnt in jedem Menschen. Er träumt und wünscht sich immer irgendetwas. Daher glaubt er, über ihre Beschaffenheit Bescheid zu wissen. Er täuscht sich. Die wahre Fantasie, mit der sich die Eingeweihten befassen, entspricht einer Art Bildwand, die sozusagen zwischen der sichtbaren und unsichtbaren Welt steht. Bilder und Wesenheiten, die sich unserem Bewusstsein gewöhnlich entziehen, werden darauf übertragen. Bestimmte hoch entwickelte Menschen sind mit der Anwendung solcher Kraft vertraut. Ihre Fantasie empfängt und speichert viele Dinge; sie versuchen, diese zum Ausdruck zu bringen, zu beschreiben oder zu realisieren. Es mag sein, dass die Beziehung nicht unmittelbar auffällt; später wird es einem aber klar, dass jene Menschen Realitäten wahrgenommen haben, die auf der materiellen Ebene noch nicht sichtbar waren. Ist der Mensch im Stande, seine Gedanken und Gefühle zu gestalten, dann tritt eine solche Läuterung in seinem inneren Leben ein, dass seine Fantasie zur kristallklaren Transparenz wird; er beginnt in die subtilen Sphären einzudringen. Auf solchem Niveau gehen Fantasie und Vision ineinander über.

Ich möchte euch aber auf einen besonderen Punkt aufmerksam machen, nämlich auf die Gestaltungskraft der Fantasie. Diese kann mit einer schwangeren Frau verglichen werden. Sobald sie den Samen empfangen hat, beginnt sie, ihn zu gestalten; einige Monate später bringt sie ein Kind zur Welt, dessen Charakter, physische wie auch psychische Eigenschaften der Beschaffenheit des Samens entsprechen. Der Fantasie ergeht es ebenso wie einer Frau: Was sie hervorbringt, entspricht genau dem, was ihr eingegeben wurde. Die Fantasie ist keine erschaffende, sondern eine formende Kraft. Das Schöpferische liegt in der Denkkraft, die Gestaltung in der Fantasie. Die Zusammengehörigkeit beider Prinzipien (des männlichen und weiblichen) tritt hier von neuem hervor: Die Denkkraft, also das männliche Prinzip, wirkt auf die Fantasie, das weibliche Prinzip. Das Denkvermögen wird durch die Sonne veranschaulicht, die Fantasie durch den Mond, denn der Mond selbst ist ja ein Symbol von all dem, was veränderlich, unbeständig, labil ist. Lässt man seine Fantasie umherschweifen, spannt kein zielbewusster Wille sie zur Arbeit ein, dann wird sie zur Hure. Deswegen sollte der Schüler nicht weiter dulden, dass seine Fantasie (seine Frau) sich irgendwo herumtreibt, denn sie wird ihm dann nur Monster heimbringen. Er sollte sie mit eindeutigen, lichtvollen Ideen und Bildern versorgen, damit sie imstande ist, dieselben auf der materiellen Ebene zu formen. So wird aus dem Schüler ein Magier. Magier heißt wohl derjenige, dem es gelungen ist, seiner Fantasie (seiner treuen, zuverlässigen Lebensgefährtin) eine Idee, einen Wunsch zu vermitteln, mit denen er sich zuvor lange und eingehend befasst hat. Die Fantasie allein vermag diese Idee, diesen Wunsch zu konkretisieren.

Der Schöpfer hat die Menschen mit allerlei Fähigkeiten ausgestattet. Ihrer sollten sie sich endlich bewusst werden; sie sollten sie pflegen und auswerten, sonst wird diese Vernachlässigung eines Tages zum Wildwuchs führen, mit dem sie letzten Endes konfrontiert werden. Krankenhäuser und Anstalten sind überbelegt mit Menschen, die nicht fähig sind, ihre Fantasie zu kontrollieren. Unter ihnen befinden sich unzählige sogenannte Künstler, die felsenfest daran glauben, das künstlerische Schaffen bestände darin, der Fantasie freie Bahn zu lassen. Es ist aber eine Täuschung. Die Fantasie muss in Schach gehalten werden.

Zuweilen werdet ihr der innerlichen Anwesenheit euch wohlgewogener Wesen bewusst. Es entstehen dann herrliche Bilder in eurer Fantasie.

Seid ihr aber anderentags nicht auf der Hut oder geistig nicht rege, dann können auch negative Entitäten schädliche Keime in euch hineinschmuggeln. In diesem Fall wird eure Fantasie verschrobene, kränkliche Kinder zur Welt bringen. Es kommt öfters vor, nur bemerkt ihr es nicht. Einige werden einwenden, sie hätten überhaupt keine Kinder und andere, sie hätten wohl zwei oder drei, die aber ganz normal seien. Nein, es ist nicht so. An sie klammern sich nämlich Hunderte von verstümmelten, kriminellen, idiotischen Kindern in Form von Störungen, Bangigkeit, quälenden Vorstellungen, die ihr Leben lähmen. So ist es; wie der Same, so die Frucht.

Der Fantasie wohnt eine unermessliche Kraft inne. Kommt ihr jedoch selten zu wesentlichen Ergebnissen, so bedeutet das, dass ihr vom sorgfältig geplanten Ziel abgewichen seid. Alles wird durch eure völlig entgegengesetzte Tätigkeit zerstört. Nehmen wir an, ihr bemühtet euch, euer Gesicht harmonisch zu gestalten: Selbstbeherrschung müsst ihr dann zuallererst erlangen, sonst werden die innerlichen, chaotischen Impulse nicht ablassen, sich eurer Fantasie zu bemächtigen und eure Gesichtszüge weiterhin zu entstellen. Strebt ihr nach der Verwirklichung höherer Wünsche, so müsst ihr klug, scharfsinnig und zielbewusst handeln. Verzagt nicht, falls die erhofften Ergebnisse in dieser Inkarnation ausbleiben; sie werden wohl in der nächsten zum Ausdruck kommen. Ihr fragt: »Warum nicht jetzt, in dieser Inkarnation?« In einer früheren habt ihr eurer »Frau« eine bestimmte Aufgabe aufgetragen, die von ihr getreu verrichtet wurde; und was ihr heute seid, ist eben das Ergebnis davon. Jetzt werdet ihr noch viel Zeit brauchen, bis sich ein Wandel in euch vollzieht. Hättet ihr früher einen Meister gehabt und dazu noch die Willenskraft, an euch selbst zu arbeiten, dann wären im heutigen Leben gute Ergebnisse eingetreten. In jedem Fall solltet ihr euch entscheiden, keine Verzögerung mehr zu dulden und euch an die Arbeit zu machen, sonst seid ihr in der nächsten Inkarnation abermals schwach, krank, hässlich und bejammernswert.

Eure Fantasie befasst sich mit den ihr vorgelegten Gedanken und Gefühlen. Sind diese nicht vernünftig, harmonisch und kristallklar, wem soll man Vorwürfe machen? Wer ist schuld daran, wenn euer physischer und psychischer Organismus schadhaft ist? Ihr selbst habt ihn so gestaltet. Ihr werdet einwenden: »Aber nein, ich bin es nicht, sondern meine Eltern!« Dem Anschein nach habt ihr ja Recht. Auf der materiellen Ebene ist immer jemand verantwortlich. In Wirklichkeit seid ihr der einzig Schuldige. Wie oft wird behauptet: »Ich bin auf die Welt gekommen, ohne um meine Meinung gefragt zu werden. Mein Vater war ein Säufer, meine Mutter eine schlechte Frau; sie zankten und schlugen sich. Mich verprügelten sie auch, sie versagten mir Nahrung und Kleidung. Ohne Bücher musste ich in die Schule gehen. Daraus geht klar hervor, warum ich jetzt ein Taugenichts bin. Meine Eltern sind daran schuld!« Die ganze Welt wird damit einverstanden sein: »Der Arme! Es ist nicht seine Schuld; hätte er in seiner Jugendzeit gute Verhältnisse gehabt...« usw. Warum hat er sich denn in solch eine Familie inkarniert? War es reiner Zufall? Nein. Die Wissenschaft, in deren Namen ich jetzt spreche, bringt eindeutige Aufschlüsse darüber. Es liegt eine Gerichtsbarkeit, eine souveräne Intelligenz vor: Eine Inkarnation wird genau nach den entsprechenden Verdiensten eines Menschen bestimmt, also in welche Familie, in welches Land, zu welcher Zeit usw. Das alles habe ich durchstudiert und nachgeprüft.

Auch wenn an dem aktuellen Zustand nicht viel geändert werden kann, ist das kein Grund zu verzagen und ewig unglücklich zu bleiben. Gott hat den Menschen allerlei Möglichkeiten gegeben, sich zu wandeln und ihre Fehler wieder gutzumachen. Auch wenn es euch momentan schwer fällt, eure Wünsche in die Tat umzusetzen, solltet ihr doch mit der Fantasie weiterarbeiten; hütet euch aber, einen bestimmten Zeitpunkt für die materielle Verwirklichung festzusetzen; denn alles wird sich schließlich konkretisieren. Unwiderruflich zieht die Fantasie die Elemente zu sich heran, die den gehegten Gedanken und Begehren entsprechen; die Fantasie versteht sich darauf, diese Elemente aus des Meeres Grund und den himmlischen Höhen herauszuholen und sie anzuhäufen. Eines schönen Tages steht man verwundert da: Die Idee hat sich tatsächlich auf der materiellen Ebene konkretisiert. Ja, der Fantasie wohnt eine solche Kraft inne, dass sie sogar den physischen Körper zu gestalten vermag.

Die Fantasie arbeitet wie eine Frau; sie unterstellt sich den Hauptgesetzen der Schöpfung. Das ist aber kein Grund, sie sich selbst zu überlassen, ohne Aufsicht, ohne irgendwelche Führung. Die Jugend hat wenig Ahnung von der Beschaffenheit der menschlichen Natur. Auf den Schulunterricht darf man sich diesbezüglich nicht verlassen. Die Jugend vermutet nicht einmal, welcher Gefahr ihre Fantasie ausgesetzt werden kann. Lässt man sie herumschweifen, dann kann sie zur wirklichen Hure werden. Selbst die Erzieher scheinen nichts dagegen zu haben, wenn sich die Jugendlichen auf undurchsichtige Zustände einlassen, ohne der drohenden Gefahr gewahr zu werden; sie begünstigen sie sogar, wenn sie sagen: »Er träumt nur! Ein geborener Dichter ist er! Lassen wir ihn ungestört sich seinen Träumen hingeben!« Schon gut, aber wer kennt sich in dieser Traumwelt aus? Wer versteht, was wahre Poesie eigentlich ist? Die Natur hat im Menschen bedeutende Kräfte aufgespeichert, die er zum Besten verwenden sollte. Die jungen Leute sollten sich in Acht nehmen, damit ihre Vorstellungskraft nicht wehrlos irgendeinem Gefühl, irgendeinem Begehren ausgesetzt wird, sonst werden schließlich stark negative Ströme auf sie einstürzen.

Ihr solltet euch also in diesem überwältigenden Bereich der Fantasie zurechtfinden und Folgendes wissen: Lasst ihr eure Fantasie irgendwo ziellos herumstreifen, dann werdet ihr unheilvollen Mächten zum Opfer fallen, die sich eurer bemächtigen und euch seelisch unausgeglichen und geschwächt zurücklassen. Ein Eingeweihter lässt »seine Frau« nicht mit dem ersten Besten umhergehen. Er ist der Herr; er denkt nur daran, sie göttlich zu befruchten, damit sie prachtvolle Kinder zur Welt bringt: Licht, Güte, Gerechtigkeit und Wahrheit.

Leider verwenden die meisten Menschen ihre Vorstellungskraft, um ihre niedrigsten Begehren zufrieden zu stellen, eine Frau zu verführen, einem Feind zu schaden, einen Nebenbuhler zu verdrängen. Das tun sie mit Hilfe ihrer Fantasie. Möglicherweise gehen eines Tages ihre Wünsche in Erfüllung. Aber welcher Segen wird sich daraus ergeben, selbst für sie? Warum sollte man die Fantasie nicht einsetzen, um sich zu verbessern, sich neu zu beleben und eine göttliche Arbeit für die gesamte Menschheit zu verrichten? Warum sollte man sich nicht vorstellen, die ganze Menschheit sei auf dem Wege, gut, klug, ehrlich und schön zu werden, und Freude und Überfluss walteten allenthalben? Arbeitet ihr jahrelang, indem ihr nur etwas Positives, Konstruktives im Sinn habt, dann wird sich alles verwirklichen. Wenn viele in dieselbe Richtung strebten, ginge die Verwirklichung noch rascher vor sich. Doch es ist sehr schwierig, die Menschen zu solcher Einheit zusammenzubringen: Was sich der Eine wünscht, wird vom anderen abgelehnt. Auf diese Weise kann nichts Gutes zutage kommen. Die edelsten Wünsche scheitern daran; daher die Notwendigkeit eines Zusammengehörigkeitsgefühls, um solche Arbeit leisten zu können.

Eben habe ich euch gesagt, die Fantasie stehe mit dem Mond in Verbindung. Bei zunehmendem Mond wird die Fantasie wesentlich positiver als bei abnehmendem Mond; während dieser abnimmt, ist eine gewisse Neigung zu negativen Vorstellungen spürbar. Denjenigen, die nicht darauf trainiert sind, ihren psychischen Zustand zu kontrollieren, gelingt es nicht, dieser negativen Tendenzen Herr zu werden; sie werden völlig überrumpelt. Wer darauf achtet, wird zu dieser Feststellung kommen.

Führt eure Fantasie hinauf in die göttliche Welt, damit die Schönheit dieser Sphären sich ihr mitteile, sich in ihr widerspiegele. Die Fantasie ist mit einer Botschafterin vergleichbar. Sie ist fähig, sich weit hinaufzuschwingen; sie vermag all die Pracht und Herrlichkeit des Himmels in sich aufzunehmen und sie dann zu euren Füßen niederzulegen. Auf diese Weise haben zahlreiche Maler, Dichter, Musiker ihre Inspiration gefunden. Statt diese aus der unterirdischen Welt herauszuholen, wie die meisten Menschen es heutzutage tun, erhob sich ihr Geist bis zu den himmlischen Regionen. Von dort her brachten sie Eindrücke und Visionen mit. Diese versuchten sie dann, in die Malerei, die Dichtkunst, die Musik zu übertragen.

Die Fantasie kann man noch mit den Wetterballons vergleichen, die von den Meteorologen in die Atmosphäre gesandt werden; auf diese Weise können sie alles über deren Beschaffenheit und über die in ihr vielfältig vorhandenen Strömungen erfahren. Alles prägt sich ein, was ihnen die Möglichkeit zur Untersuchung und Erforschung gibt. Ich wiederhole es noch einmal: Die Fantasie könnt ihr am besten mit einer Frau vergleichen, einer Frau, die fähig ist, ein Kind nach euren Kriterien zu gestalten und zur Welt zu bringen. Da spielt nämlich die Willenskraft eine vorrangige Rolle. Wenn ihr sagt: »Ich wünsche mir ein Kind mit einer bestimmten Farbe der Augen und Haare, von jenem Körperbau und mit solcher Stimme«, dann wird die Fantasie es euch bringen.

Sicher werdet ihr staunen über meine Art, die Dinge darzulegen. Den Akademikern ist sie fremd. Was aber einfach, konkret und bildlich dargestellt ist, wird von den meisten Menschen besser begriffen und prägt sich leichter in ihr Gedächtnis ein. Darauf lege ich großen Wert. Ich möchte von möglichst vielen Menschen verstanden werden.

Nun seid ihr über die grundlegenden magischen Wahrheiten der Esoterik orientiert. Ihr solltet also euer Leben einer Überprüfung unterziehen und euch auf eure derzeitigen Mängel und Schwächen konzentrieren. Ihr seid weder wissenschaftlich noch künstlerisch begabt? Ihr habt euer Einfühlungsvermögen nicht entfaltet? Ihr habt euch nicht mit Güte, Großmütigkeit, Erhabenheit befasst? Ihr seid weder schön noch stark, weder widerstandsfähig noch gesund? Nun gut! Lasst euch nicht entmutigen! Solange ihr noch lebt, solltet ihr eure Fantasie mit dem Samen all dieser Eigenschaften und Tugenden ernähren. In der nächsten Inkarnation werden die Ergebnisse feststellbar sein, und sogar schon in diesem Leben wird eine Veränderung eintreten.

Kein Wunsch – sei er gut oder schlecht – bleibt ohne Verwirklichung. Sobald ihr irgendein Begehren spürt, wird es im feinstofflichen Bereich unmittelbar verwirklicht. Bis dieser Wunsch auf der materiellen Ebene zur Realität wird, die man anschauen und antasten kann, vergehen manchmal lange Jahre, sogar Jahrhunderte. Wenn ihr Geduld genug habt, euch auf dieselbe Idee zu konzentrieren, bis die Fantasie dieser die entsprechende Form gibt, dann wird diese Idee wirklich sichtbar und greifbar.

Seid jedoch vorsichtig: Da alle Wünsche in Erfüllung gehen, sollten diese vernünftig sein, sonst werdet ihr bei deren Erfüllung aufschreien und versuchen, ihnen zu entgehen. Es wird aber zu spät sein. Ihr werdet leiden und den Tod abwarten müssen, bis dieser das auflöst, was ihr selbst aus Unwissenheit angestiftet habt.

Verzagt nicht, wenn eure guten Wünsche noch nicht erfüllt sind. Seid nicht unglücklich darüber; bleibt unerschütterlich und bemüht euch weiter. Alles, was ihr erwünscht, werdet ihr eines Tages besitzen. Ist dieses Wissen nicht wunderbar? Bemüht euch immer, nur das zu wünschen, was sich als das Allerbeste für die ganze Welt erweist. Der Wunsch, Musiker, Dichter, Physiker zu werden, ist an sich nicht schlecht; er ist aber bei weitem nicht das Beste. Es gibt kein höheres Begehren als die innere Wandlung, damit man fähig werde, alle Kreaturen zu erleuchten, zu wärmen und neu zu beleben.

IV

# DICHTUNG UND PROSA

Die Dichtung erscheint uns oft als eine Welt voller unvollkommener, zusammenhangloser Eindrücke, verbunden mit wunderschönen, fantasievollen Bildern, aber ohne irgendwie mit der Sprache der Natur in Übereinstimmung zu stehen. Für diese irrige Auffassung der Dichtkunst sind die Dichter selbst verantwortlich. Sie flüchten sich in die niederen Regionen des Astralleibes und lassen sich von den dort beheimateten Wesenheiten verführen. Auch das Publikum, das überhaupt keine Kriterien besitzt, neigt dazu, in diesen unklaren Schichten des Bewusstseins zu verweilen, gerät dann in Verzückung und sinkt mit in die Tiefen. Mir könnt ihr glauben; ich weiß, wie die Menschen die Poesie verstehen.

Allzu oft besteht das Hauptanliegen der Dichter darin, ihre negativsten Gefühle, ihre Schwermut, Enttäuschung und Verzweiflung in ihre Werke einfließen zu lassen. Warum aber sollen die

Dichter das Publikum mit Kummer und Auflehnung nähren, als gäben sie ihm Exkremente zu essen? Die Leute sind dumm genug, das zu akzeptieren. Es scheint sogar, als wäre in ihnen das Bedürfnis vorhanden, sich Tag und Nacht Abfälle und Müll schmecken zu lassen. Oh, ihr seid weit davon entfernt, mich zu verstehen; doch nach und nach werdet ihr eure Kriterien über die Kunst verfeinern; dann wird eure Bewunderung nachlassen für gewisse Werke und bestimmte Stilrichtungen, die auf der geistigen Ebene Kolik, Migräne und Juckreiz verursachen. Zu viele Werke sind nichts anderes als Übertragungen von stumpfsinnigen, niederen Gemütszuständen.

Was also ist die wahre Poesie? Die wahre Poesie ist der göttliche Logos selber, mit seinen gesamten Komponenten, die durch geheimnisvolle Verbindungen zu einer wundervollen Synthese vereinigt sind. Die wahre Poesie weckt im Menschen die Erinnerung an seine himmlische Heimat, bringt seine geistigen Saiten zum Erklingen, gibt ihm den Elan, um sein Leben zu erneuern. Entsteht beim Lesen eines Gedichtes nicht eine solche Gemütsregung, empfindet ihr dabei nur etwas Konfuses, Verschwommenes, dann könnt ihr sicher sein, dass das mit der wahren Poesie nichts zu tun hat.

Als ich noch sehr jung war, habe ich es auch mit der Dichtkunst versucht. Ich schrieb Verse, mystische Erzählungen, mit spirituellen Wahrheiten, Visionen, Prophezeiungen durchwoben. Ich hörte aber bald auf, denn ich wurde mir darüber klar, dass ich durch derartige Poesie schwächer, überempfindlich und verwundbar wurde; sie hielt mich im astralen, dem Mond unterworfenen Bereich zurück. Diese Region habe ich also verlassen und mir die wahre Poesie aus der Sonne herangeholt. Werden nun einige von euch gewahr, dass meine Erklärungen mit Poesie durchwoben sind, dann kommt es daher, dass ich diese Poesie auf die Gebiete der Wissenschaft und der Philosophie übertragen habe. In der Natur befindet sich die wahre Poesie, denn dort ist alles schön und wissenschaftlich zugleich. Heutzutage ist jeder der Gewohnheit verfallen, Wissenschaft und Poesie voneinander zu trennen, während sie in der Natur eins sind.

Die Dichtkunst sollte auf einem erhabenen Wissen, auf einer göttlichen Erkenntnis beruhen, sonst wird sie unbrauchbar und sogar schädlich. Deswegen wünschte sich Plato, der mit wirklich esoterischem Wissen vertraut war, keine Dichter in seinem Idealstaat; denn die Poesie, wie sie üblicherweise verstanden wird, stellt nur eine täuschende, trügerische Welt dar, eine verblasste Widerspiegelung der wahren Poesie. Die Philosophen und Wissenschaftler waren ihm hingegen willkommen.

Ich selbst mag die Poesie sehr, stelle sie sogar höher als die Musik, die Malerei, die Bildhauerkunst usw. Die Poesie ist der Logos selber; der Logos ist zugleich Musik und Farbe, Form und Duft. Machtvoll ist die Musik, denn sie wirkt unmittelbar auf die Zuhörer; ihre Sprache ist aber nicht so eindeutig und aufklärend wie die der Dichtkunst. Die Eindeutigkeit des Logos ergibt sich aus der Präsenz der Wörter. Durch diese Präsenz sieht man nicht nur Formen, Farben, Dimensionen, sondern man hört auch einen Rhythmus, eine Sprachmelodie. Vor allem erkennt man einen Sinn.

Die Musik weckt das Gemüt, regt den Willen an, gibt aber keine klare, bestimmte Orientierung. Musik könnt ihr ein Leben lang hören und doch so unwissend bleiben wie vorher. Lauscht ihr aber der Poesie, dann wird in euch nicht nur ein Gefühl wach, sondern dank den Wörtern seid ihr im Stande, nachzudenken und euch zu orientieren. Auch da gibt es eine Musik, Farben, Formen, eine Struktur. Alle Künste sind in der Poesie mit einbezogen. Viele Menschen sind der Ansicht, die Musik übertreffe alle anderen Künste; zieht man die Intensität in Betracht, mit welcher sie wirkt, stimmt das schon: Man ist ergriffen, bezaubert und fasziniert. Der Poesie hört man zu, man versteht sie; gleichzeitig wird man von ihr gefesselt wie von der Musik, das ist klar; die Poesie jedoch wendet sich mehr an das Denkvermögen.

In Wirklichkeit beschränkt sich die Dichtkunst nicht auf die Literatur, sie ist auch mit dem Leben verknüpft. Dem wirklichen Dichter gelingt es, die Schönheit, die in den eigenen Versen zum Ausdruck kommt, zu erleben, sie in seinen Gedanken, Gefühlen und Handlungen auf dichterische Weise zu offenbaren. Allzu leicht ist es, Gedichte zu schreiben und zugleich ein anti-poetisches Leben zu führen. Wie viele Dichter können nur schreiben, wenn sie trinken, rauchen oder mit verschiedenen Frauen schlafen! Sie brauchen ständig neue Erfahrungen und Empfindungen, damit die Inspiration sie aufsuche, damit die Quelle nicht versiege! Ihre Quelle ist aber schon lange versickert! So sind eben die Dichter: allen Winden ausgesetzt, krankhaft, schwach, willenlos. Ununterbrochen leben sie in Leidenschaften, Exzessen, Bangigkeit und verfallen am Ende dem Wahnsinn oder verkommen.

In meinem Leben bin ich mit vielen Dichtern zusammengekommen, habe also Gelegenheit gehabt, sie genau zu beobachten. Begabt sind sie schon; feinfühlig und sogar genial sind sie auch; aber sie haben die innere Kraft, den Willen nicht entwickelt, die seelische Ausgeglichenheit nicht erreicht. Sie glauben, die Hölle aufsuchen zu müssen als unbedingte Voraussetzung zum künstlerischen Schaffen. Was für eine geniale Entdeckung! Ohne Erlebnisse, ohne Erfahrungen ist das Schaffen undenkbar, das ist klar. Warum sollten aber die Materialien immer unten gesucht werden, im Unterbewusstsein, in den niedersten Schichten des Lebens? Dort ist schon etwas zu finden, aber die besten Materialien sind dort nicht. Warum sollte man sich nicht auf verschiedenartige Erfahrungen einlassen? Warum sollte man nicht einmal entdecken, was Himmel, Lauterkeit und göttliche Liebe eigentlich sind?

Meiner Ansicht nach sollte man schon Erfahrungen sammeln, aber himmlische, nicht dämonische. Alle großen Genies der Vergangenheit machten solche himmlischen Erfahrungen: So sind die Meisterwerke entstanden, während sich die meisten Künstler derzeit nur im Dreck wälzen. Haben sie sich darin festgesetzt, dann fangen sie an zu schreiben und behaupten sogar, »sie schilderten die menschliche Natur«. Nein, sie kennen nur deren niederen, dämonischen Bereich und ernähren die ganze Welt mit den Ausdünstungen dieser Hölle. In Zukunft werden die Dichter wieder die Lauterkeit und Intelligenz, die Herrlichkeit Gottes und die Pracht des Weltalls preisen. Himmlischen Tau, kostbare Ambrosia werden sie den Menschen darreichen. Das menschliche Leben wird dann mit Poesie durchflutet sein.

Beobachtet man zur Zeit die Menschen, selbst die gebildetsten und belesensten, dann können wir feststellen, dass sie durch und durch in der Prosa leben. Kalt und erstarrt sind sie, es strahlt keine Wärme, es sprüht kein Funke aus ihnen heraus.

Diesen Zustand nenne ich »Prosa«. Wie kommt es, dass die Menschheit immer mehr zur Prosa zurückkehrt? Die Poesie überlässt man den Dichtern, die sie verfassen. Ab und zu kommt es natürlich vor, dass man ein paar Verse liest. Doch das von uns geführte Leben sieht nicht gerade poetisch aus. In der neuen Kunst, der Kunst der Zukunft, wird jeder lernen, Tag und Nacht ein poetisches Leben zu führen; anders gesagt, jeder wird lernen, warmherzig, ausdrucksvoll, lebendig zu sein. Erst dann wird man euch lieb gewinnen. Die Menschen haben überhaupt nichts verstanden. Sie möchten geliebt werden und bleiben doch eisig, verschlossen, leblos... kurz und gut: prosaisch. Sie verstehen es nicht, diese poetische Einstellung zum Leben anzunehmen, dank derer man sie lieben würde.

Jeden Morgen, wenn ich euch begrüße, schaue ich mir eure Gesichter an; einige sind mit Poesie umwoben, strahlen Liebe und Licht aus, man fühlt sich beschenkt; andere hingegen bleiben erstarrt; sie wissen nichts von der neuen Kunst zu geben, zu strahlen. Wie könnte ihnen das beigebracht werden? Auch wenn man ihnen mit gutem Beispiel vorangeht, bleiben sie noch immer in der Prosa, d. h. erstarrt, verschlossen, unsympathisch, unfreundlich. Wären sie ein wenig gescheiter, dann würde es ihnen einleuchten, dass mit solchem Verhalten keine Besserung zu erhoffen ist. Von nun an sollten sie sich anders geben und in der

Poesie leben; denn die Poesie ist das Leben, das wahre Leben.

Evolution bedeutet das Zurückfinden zur Gottheit. Bleibt man nach wie vor leblos, eisig, erstarrt, dann schreitet man in die entgegengesetzte Richtung, fällt ins Mineralreich zurück. Warum begreift das niemand? Die Leute passen sich dieser Lebensart an, ohne zu wissen, dass das Leben selbst mit Hämmern kommen wird, um derartige Steine zu zerklopfen, um sich ihrer zur Errichtung neuer Anlagen zu bedienen. Zu solchen Zwecken werden eben Steine verwendet. Erst wenn jemand voller Leben ist, wird er gerettet. Wollt ihr in den Zustand der Steine zurückfallen, dann wird euch niemand daran hindern, ihr werdet aber zerklopft. Seid ihr im Gegenteil voller Leben, habt ihr euch in hohe Schwingungen versetzt, dann habt ihr größere Chancen, den Gefahren zu entgehen. Dann könnt ihr auch den Wesen helfen, die weit von euch entfernt sind, genauso wie die Sonne, die ihre Strahlen durch den Weltraum sendet, um jede Kreatur zu beleuchten und zu beleben.

Bemüht euch also jeden Tag, Licht und Warmherzigkeit auszustrahlen. Eben das ist eine Übung, die euch dazu verhelfen soll, über euer Ich, über diesen stagnierenden, prosaischen Zustand hinauszukommen. Hier in der Bruderschaft werdet ihr erlernen, wie dieser poetische Zustand ganz bewusst beibehalten werden kann. Es ist so erfreulich, einem Dichter, irgendeinem Wesen entgegenzukommen, in dem alles lebt, alles erleuchtet ist. Mit welcher Freude würde man ihn umarmen! Wenn mir ein solcher Mensch begegnet, geht mein ganzes Wesen auf; ich kann meine Freude nicht geheim halten, so unwiderstehlich ist es, ein Antlitz zu erblicken, von dem solche Lichtsignale ausgehen. Leider sind in den Menschen so viele schädliche, lähmende Elemente vorhanden; so groß ihre Anstrengung auch sein mag, es gelingt ihnen nicht, ein offenes, lächelndes Gesicht zu zeigen: Alles bleibt weiterhin erstarrt, es ist ihnen unmöglich, ihre Gesichtsmuskeln zu bewegen, ihre Züge zu beleben; versuchen sie, einem zuzulächeln, dann geht ihr Lächeln in eine Grimasse über. Schaue ich mir einen Menschen an, der Mühe hat, den anderen zuzulächeln oder sie mit Liebe anzublicken, dann sehe ich schon ein, der Arme hat sein Leben lang stagniert in den niederen Regionen des Willens, des Herzens und des Intellekts, ohne dass irgendein Element der Seele und des Geistes ihn je aufgesucht hätte. Bricht jedoch die Seele oder der Geist durch, dann wandelt sich alles. Es gibt nichts Schöneres als die Manifestationen der Seele und des Geistes, nichts Schöneres als ihre Ausstrahlungen, ihre Emanationen.

In der Welt wird den Menschen ausschließlich das Nehmen beigebracht, immer das Nehmen.

Hier aber solltet ihr euch daran gewöhnen zu geben, d. h. zu lächeln, jemanden mit Liebe anzuschauen, von eurem Herzen einige Partikeln loszureißen, um sie den anderen zu schenken. So aufgeschlossen, so glücklich werdet ihr euch dann fühlen, dass ihr darob ganz erstaunt sein werdet! Die Menschen haben immer Angst zu verarmen, etwas zu verlieren; sie begreifen nicht, dass ihre Verarmung eben die Folge jener verschlossenen Haltung ist. Um reicher zu werden, muss man geben können.

Wer nimmt, verarmt. Wer gibt, wird reicher. Ja, denn man löst in sich selbst unbekannte Kräfte aus, die irgendwo in der Tiefe stagnierten; sobald man von ihnen Gebrauch machen will, werden sie wach und brechen hervor; so bereichert fühlt man sich dann und fragt ganz erstaunt: »Aber woher kommt denn das? Ich habe so viel gegeben, und dennoch bin ich dabei reicher geworden!« Ja, so ist eben das neue Leben. Im alten Leben wird hauptsächlich genommen, aber je mehr man nimmt, desto miserabler und ekelhafter kommt man sich vor. Versteht mich doch! Es geht um ein neues Licht, einen neuen Standpunkt, eine neue Philosophie. Diese Philosophie ist absolut wahrhaftig, sie ist nachprüfbar, ja ist schon längst überprüft worden! Wie einfach das alles ist! Ihr habt es übrigens schon selber festgestellt: Habt ihr für jemanden etwas Gutes getan, so fühlt ihr euch glücklich. Habt ihr ihn gekränkt, dann fühlt ihr euch miserabel. Natürlich sind einige auf ihre Grobheiten sehr stolz; dieser Fall betrifft aber nicht die Schüler einer esoterischen Schule.

Kommen wir zurück zu unserem Thema, die Dichtkunst. Sicher seid ihr der Meinung, meine Definition von Dichtung und Prosa sei keiner anderen gleichzustellen. Natürlich ist Poesie alles, was lebendig und vibrierend ist, alles, was sich bewegt, alles, was sich wandelt und doch ungreifbar bleibt. Empfindsame Temperamente haben eine Affinität mit der Poesie; intellektuelle Temperamente neigen eher zur Prosa. Ja, damit der Intellekt arbeiten und sich manifestieren kann, muss er den zu studierenden Gegenstand fixieren. Warum hat die materialistisch eingestellte Wissenschaft das Studium von dem, was lebendig ist, übersehen, um sich lediglich auf die tote Materie zu konzentrieren? Weil die geistige, die göttliche Welt durch Vibrationen von höchster Intensität durchdrungen ist. Jene Vibrationen entgehen aber der wissenschaftlichen Forschung; so müssen sich die Wissenschaftler zwangsläufig auf die Beobachtung der Materie beschränken. Aus diesem Grund behaupte ich, sie seien prosaisch.

Oft sind die Menschen gar nicht glücklich, eben weil sie nur den physischen, materiellen Aspekt der Dinge in Betracht ziehen. Jener Aspekt verändert sich nicht, ist also von minimaler Vitalität: Geld, Häuser, Grundstücke. In Zukunft solltet ihr das Lebendige, das Vibrierende betrachten. Dann werdet ihr zur Poesie der göttlichen Welt zugelassen.

Schaut euch einmal das Kind an: Es bewegt sich unentwegt, so lebt es stets in der Poesie! Später, als junger Mann, sagt man ihm: »Hör mal! Du bist ein Schwärmer! Warum willst du dieses Mädchen heiraten? Die Eltern sind doch Arbeiter! Wie dumm du bist! Du könntest die andere, die Tochter eines Bankiers, zur Frau nehmen! Ziehe doch deine Zukunft in Betracht, Mensch, denk an deine Karriere!« Die Jugend wird immer mit der Prosa vertraut gemacht: Interessen, Berechnungen. Nach einiger Zeit kapituliert der arme Idealist, bald gleicht er allen anderen: Gelähmt, passiv... er ist prosaisch geworden; vorher war er voller Leben, er rührte sich, er lebte! Ein Dichter war er! Ja, das ist es: Ein Dichter ist jemand, der sich stets bewegt. Hier ist die philosophische Erläuterung eines Phänomens, das sich jeden Tag vor euren Augen abspielt.

Die Menschen sind nicht daran gewöhnt, sich mit neu belebenden Tätigkeiten zu befassen, z. B. Meditation, Kontemplation, Gebet. Dadurch könnte ihr Leben außerordentlich poetisch werden, indem Kräfte ausgelöst werden, die fähig sind, alle negativen Zustände zu neutralisieren.

Aber solche Kräfte missachten sie und bevorzugen die Prosa. Dasselbe tun neun Zehntel der Menschheit; schaut euch nur um, es ist leicht festzustellen. Diese prosaischen Leute hat man bis zum Überdruss gesehen; mit ihnen will ich nicht verkehren, sonst werde ich einen Pelz anziehen müssen, so eisig sind sie; hat man mit ihnen zu tun, dann ist es, als befände man sich in einem Kühlschrank! Eines Tages werden alle das skurrile Spektakel sehen – und dabei herzlich lachen – das eines Ignoranten, blasiert und hochtrabend, weil er sich einbildet, den anderen durch dieses Benehmen zu imponieren. Solche prähistorischen Lebewesen werden überhaupt nicht mehr existieren, außer im zoologischen Garten. Ja, für solche rückständigen Arten wird es derartige Einrichtungen geben.

Von nun an denkt daran, die Poesie in euer Leben einzubeziehen. Ich sage »die Poesie«, ich könnte aber genauso gut sagen »das geistige Leben«, im Gegensatz zum materiellen Leben. Was für Wörter man auch gebrauchen mag, in Wirklichkeit kommt es immer auf folgende zwei Begriffe an: den Geist und die Materie. Schlecht ist die Prosa nicht, ihr selber schreibt Prosa; sie kann vieles zum Ausdruck bringen, vielleicht sogar mehr als die Poesie. Aber in der Poesie gibt es ein erhebendes Element, das euch in höchste Verwunderung setzt. Man kann das nicht erklären. Die

Prosa ist dem Intellekt näher: Ihr fasst Ideen und Begriffe auf, erläutert sie und ordnet sie ein... das ist herrlich. Die Prosa ist unerlässlich, man sollte sie nicht ablehnen. Im Leben gibt es viele prosaische Dinge, die man nicht vernachlässigen darf – es ist nicht notwendig, sie alle aufzuzählen. Aber darauf sollte man sich nicht beschränken, sonst erfolgt Erstarrung und Verarmung. Dieses poetische Element, das uns mit dem Himmel verbindet, sollte unbedingt in Erscheinung treten.

Die Jugend liebt die Poesie und auch die Musik, denn beide sind miteinander verbunden. Poesie und Musik sind zwei Ausdrucksformen derselben Regionen, nämlich derjenigen der Seele und des Geistes; wo die Musik waltet, herrscht auch die Poesie. Jene Zuneigung der Jugend ist ein Zeichen, dass sie jetzt reif ist, in höhere, subtilere Sphären eingeführt zu werden. Momentan bevorzugt sie offensichtlich laute Lieder, eine Musik, eine Dichtkunst, die bei weitem nicht die besten sind; jene offene Zuneigung aber kann als ein gutes Zeichen interpretiert werden. Diese Jugend sollte man führen, ihr klar zu machen versuchen, dass Musik und Dichtung – wie übrigens auch alle anderen Kunstformen – äußerst prosaisch geworden sind, weil es ihnen an himmlischen Elementen fehlt, denjenigen eben, die das Wesen der wahren Musik, der wirklichen Poesie, der echten Kunst ausmachen.

Einzig und allein unsere höhere Natur vermag uns mit diesen Elementen zu versorgen. Sie sind die Einzigen, die fähig sind, unseren Bewusstseinszustand bis ins Unendliche zu erweitern. Für uns selber, sogar für unsere Gesundheit ist es von großem Vorteil, solche Elemente zu besitzen. Entbehrt ein Mensch des poetischen Lebens, dann pulsiert in ihm nichts anderes mehr als das vegetative Leben. Er wird selbstverständlich weiterhin essen, schlafen und arbeiten; doch dieser inneren starken Schwingung, die anregt und entzückt, wird er beraubt sein; wie schon festgestellt, werden sogar die Funktionen des physischen Körpers allmählich langsamer ablaufen. Dann werden sich Ablagerungen bilden und Abfallstoffe sammeln sich an. Folglich ist solch ein gedämpftes Leben – schon um der Gesundheit Willen – nicht empfehlenswert.

Sicher billigen die meisten Menschen die so genannte »vernünftige« Einstellung und kritisieren das poetische Leben, das voll Wunder und Entzücken ist, und bezeichnen es als tolles, unsinniges Gehabe. Zahlreiche Jugendliche, die dazu geneigt hatten, sich in der Poesie zu entfalten und zu leben, sind aber von ihrer Umgebung so verulkt worden, dass sie sich nach und nach angepasst haben: Sie sind prosaisch geworden... wie Steine. So kommt es, dass die lobenswerten Neigungen, die besten Tendenzen in der Jugend vereitelt werden.

Den Tod beschwört man in diesen jungen Menschen, wenn man den anregenden, heilenden Lebensstrom blockiert, die Kraft des Geistes behindert, diese Kraft eben, die die Zellen durchflutet, läutert, zum Vibrieren bringt. Ihr werdet fragen: »Sollte man denn stets vor den anderen in Entzückung und Ekstase fallen?« Sicher nicht. Ein bestimmtes Maß sollte man schon einhalten. Seid ihr eines Tages außer euch vor Freude, dann versteckt euch irgendwo, um zu lachen oder euch auszuweinen; nachher könnt ihr euch vernünftig und im »normalen« Zustand vor den anderen zeigen.

Im Evangelium heißt es, die Kinder allein würden ins Reich Gottes hineingelassen. Also gebt Acht auf euer Gesicht. Die Kinder lächeln, lachen. Kommt ihr aber mit einem langen Gesicht ans Paradiestor, dann wird euch gesagt: »Nein, nein! Zu trüb, zu traurig seid ihr! Solange ihr solch ein Gesicht macht, dürft ihr nicht hinein! Zugelassen werden nur Kindergesichter.« Ja, so ist es! Euer Gesicht wird am Eingangstor des Paradieses überprüft. Missfällt es, dann werdet ihr zurückgewiesen. »Raus! Zurück! Hier oben lebt man in der Poesie, ein solch prosaisches Aussehen ist nicht angebracht!« Nun geht und prüft es selber, wenn ihr mir nicht glaubt!

V

# DIE STIMME

Als ich 1937 in Paris ankam, konnte ich mehreren Konzerten, Opern und Theateraufführungen beiwohnen. Das gab mir die Möglichkeit, die Wirkung der verschiedenartigen Stimmen auf das Publikum und auf mich selbst zu analysieren. Meinen eigenen Kriterien nach hat sich die Untersuchung reichlich gelohnt. Es ist schon anregend herauszufinden, welche Zentren des Organismus durch die Klangwirkung aktiviert werden. Hier liegt ein breites, fast unerforschtes wissenschaftliches Gebiet vor: Die Musiker, Dirigenten, Toningenieure, Lehrer und Ärzte sollten es eingehend studieren. Ein weiter Bereich steht ihren Forschungen offen.

Lest einmal in der Bibel den Bericht von der Eroberung der Stadt Jericho, deren Mauern durch den Klang der Posaunen einstürzten (Jos 6). Ergründet den Mythos des Orpheus, der mit seiner Leier nicht nur die Menschen bezauberte, sondern auch die Raubtiere, die Felsen, die tobenden Fluten und sogar den Zerberus, den Höllenhund. Dann wird es klar: Schon immer ist es den Eingeweihten bekannt gewesen, wie magisch sich die Töne auf Menschen und Materie auswirken.

Ich ging also ins Konzert, in die Oper. Oft machte ich die Augen zu, so konnte ich klarer wahrnehmen, auf welche Zentren in mir die Töne der Instrumente und die Stimmen der Sänger eine Wirkung ausübten; ich spürte, wie sich die Schwingungen fortpflanzten, um so die eine oder die andere Fähigkeit zu erwecken.

Es gibt sanfte beruhigende Stimmen und andere, die Gewalt herausfordern. Es gibt Stimmen, die so kristallklar sind, dass der Zuhörer in lichtvoller Lauterkeit schwebt. Und andere hingegen, die alles verdunkeln oder Sinnlichkeit auslösen. Es gibt Stimmen, die einen besonnen oder fast verrückt machen, die auf Liebe oder Hass drängen. Einige spornen zum Handeln an, während andere eher lähmend wirken. Es liegen unzählige Beispiele vor; man brauchte Stunden, um sie alle aufzuzählen. Kurz zusammengefasst kann man sie in drei Kategorien einstufen: die Stimmen, die eine anregende oder betäubende Wirkung auf den Willen haben; diejenigen, die die Intelligenz aufklären oder trüben; und jene, die erhabene Gefühle erwecken oder triviale Leidenschaften auslösen.

Bis jetzt haben die Musiker mehr Interesse für die Instrumente gezeigt als für die Stimme, die quasi unerforschter Bereich geblieben ist. Oft neigt man zu der Ansicht, die Stimme sei weniger ausdrucksvoll als ein Instrument; das stimmt aber nicht. In der Geschichte der Gesangskunst treten übrigens derart hervorragende Künstler auf, dass sie wie von einer Legende umwoben sind: Caruso, Schaljapin, die Malibran, Adelina Patti. Eines Tages soll die Letztere während einer Reise auf einer Bank gewesen sein. Da sie aber ihren Ausweis vergessen hatte, weigerte sich der Kassierer, ihr das Geld auszuhändigen. Sie fing zu singen an. Es klang so unvergleichlich schön, dass sie von allen Anwesenden als Adelina Patti erkannt wurde. Man übergab ihr das Geld. So machtvoll vermag eine Stimme zu sein: Türen und Safes tun sich auf!

Hat eine Stimme ihre Fülle noch nicht erreicht, haben sich all ihre Möglichkeiten noch nicht entfaltet, dann ist es ein Beweis, dass die Sänger ihrer Lebensweise nicht genügend Beachtung schenken. Die Stimmbänder eines Menschen sind kein äußerliches Instrument wie alle anderen Musikinstrumente. Alles, was der Mensch erlebt, auch die Gedanken und Gefühle, die er in seinem Kopf und Herzen hegt, spiegeln sich auf seinen Stimmbändern wider. Gibt sich ein Sänger, eine Sängerin gewissen Schwächen, bestimmten Ausschweifungen hin, dann wird es an ihrer Stimme deutlich erkennbar, wie blendend deren technische Qualität auch sein mag.

Die Sänger, die ihre Stimme wirklich ausbilden und sehr lange erhalten möchten, sollten mit ihrer Gesundheit sehr vorsichtig umgehen, sich vor starken Gemütsbewegungen hüten. Die geringste Aufregung: Besorgnis, Angst, Zweifel, Zorn, Freude, Hoffnung... spiegeln sich in der Stimme wider. Wenn man Zorn oder Angst erlebt, ist man überhaupt unfähig, irgendeinen Ton hervorzubringen. Wie kommt das? Wenn man hingegen Liebe empfindet, spürt man Lust zum Singen. Aus der Liebe eben entstehen die schönsten Stimmen. Um singen zu können, sollte man folglich in etwas oder in jemanden verliebt sein. Mein Rat wäre, euch eher in etwas zu verlieben, es wäre einfacher; aber in etwas Erhabenes, das euch zur Quelle der Beruhigung und der Eingebung werden kann.

Führt ein Sänger ein geläutertes, ausgeglichenes, harmonisches Leben in Verbindung mit der Natur, dann gewinnt seine Stimme an Ausmaß. Sie wird stärker, geschmeidiger, sanfter, feiner und lebhafter. Er kann sie immer besser beherrschen. Es fällt ihm auch leichter, jede Nuance wiederzugeben von dem, was er auszudrücken wünscht. Statt lediglich auf Eitelkeit und Leidenschaft zu hören, auf Genuss und finanzielle Vorteile zu lauern, sollte sich der Sänger zu einem erhabenen Ideal hinaufschwingen: So verbindet er sich mit den vorbildlichen, geistigen Wesenheiten, die ihm helfen und ihn in eine bestimmte Richtung führen. Dann offenbaren sich ihm immer weitere Möglichkeiten für seine Arbeit und für die Entfaltung seiner Stimme. Ein leichter Weg ist es nicht, das ist klar. Er fordert Aufopferung und Entsagung. Dafür wird aber der Sänger reichlich belohnt.

Leider lassen zu viele Sänger und Sängerinnen schädliche, unausgeglichene Schwingungen über ihr Publikum ergehen; dadurch fallen die Zuhörer in chaotisch verworrene, leidenschaftsvolle Zustände zurück. Durch die Stimme ist es möglich, den Zuhörern erhabene Eingebungen zu vermitteln, das Bedürfnis nach einem neuartigen Leben hervorzurufen, einem Leben, das der Schönheit und dem Licht gewidmet sein könnte, statt es trüb und mittelmäßig vor sich ablaufen zu lassen. Wo sind aber die Künstler, die bereit sind, sich bewusst dafür einzusetzen?

Die Künstler, die wir jetzt brauchen, sollten richtige Zauberer sein. Ihr Gesang sollte den Menschen in seinem Innersten bewegen. Solch eine Wirkung auf die Seelen kann aber nur derjenige erzielen, der sich lange Jahre hindurch um die Ausdehnung, die Intensität, die Lauterkeit seiner Aura bemüht hat. Ja, freilich! Die Aura ist es, die dem Künstler die notwendige Voraussetzung verschafft: Durch sie kann er eine magische Wirkung auf sein Publikum ausüben.

Einigen Auserwählten hat der Himmel eine prachtvolle Stimme vergönnt und damit einen großen Schatz anvertraut, mit dem sie Wunder wirken können. Sie wissen aber nicht, wie sie sich anstellen sollen, und vor allem glauben sie nicht fest genug daran. Sänger sind oft wie verwöhnte Kinder, die den Wert ihrer Begabungen verkennen und nicht darüber nachdenken, was sie aus ihrer Stimme machen und welche Wunder sie dadurch erreichen können. Sie sollten einem Ideal nachstreben und es in die Tat umsetzen. Ein Künstler sollte sich durch sein Ideal veranlasst fühlen, die Menschen zur Urquelle zurückzuführen. In diesem Fall wird sein Name in das »Buch des Lebens« eingetragen, denn er hat mehrere Seelen von Mühsal und Tod errettet; er sollte sich nur keine Sorgen um die eigene Seele machen! Erlöst er die Seelen der anderen, dann wird schon jemand kommen und seine Seele erretten. Wer Freude um sich verbreitet, dem wird Freude nicht versagt werden.

Wenn Zuhörer oder Kritiker solche Künstler einmal befragen: »Wie haben Sie es so weit gebracht? Welche Ausbildung haben Sie denn gehabt, welche Schulung usw.?« Statt mit Banalitäten zu kommen oder über ihre Karriere zu berichten, werden sie imstande sein, durch angemessene Antworten solche Erleuchtung zu bringen, dass die Zuhörer einen immer größeren Drang nach innerer Wandlung verspüren werden. Die

Künstler werden erklären, die menschliche Seele sei eine Tochter Gottes, die uns verpflichte, ein göttliches Leben zu führen, um sie in ihrer Pracht erkennen zu dürfen. Wahrhaftig vermag kein Künstler die Seele seines Publikums bis in ihre Tiefen zu bewegen, wenn er selbst nicht zuvor danach gestrebt hat, alle Schätze zu verwerten, die der Schöpfer in seiner Seele angehäuft hat. Man kann das Gemüt des Menschen nicht bewegen, wenn man dem Mittelmäßigen, dem Fehlerhaften in sich selbst freien Lauf lässt. Damit eine Wandlung erfolgt und die Seele zum Ausdruck kommt, muss man sich der Lehre einer esoterischen Schule anschließen. Sie wird uns über alle Bereiche der Existenz aufklären: Ernährung, Ein- und Ausatmung, Gestik, Gefühle und Gedanken.

Die Sänger sollten ihre Gabe heilig halten, um die menschliche Seele dem Licht zu erschließen. Was ich jetzt vorzutragen habe, werdet ihr vielleicht als schon längst überholt bezeichnen. Die Mächtigen und Reichen, für die die Sänger immer bereitwillig singen, zahlen für ihre Karte einen hohen Preis, was bei weitem nicht bedeutet, dass ihre Seele die Vollkommenheit erlangt hat. Warum sollten denn die Künstler nicht freiwillig und umsonst denen vorsingen, deren Seele reif genug ist, einem göttlichen Impuls entgegenzukommen und sich bewusst um ein neues Leben zu bemühen? Warum sollten die Künstler denn nicht alle Seelen, die sich nach göttlicher Nahrung sehnen, zusammenrufen und vor ihnen singen? Vielleicht verdienen sie dabei weniger. Sollte das aber letzten Endes so ausschlaggebend sein? Jeder Akt des Schaffens, der aus Uneigennützigkeit hervorgebracht wird und einem unpersönlichen Ziel dient, birgt den Kern der Unsterblichkeit in sich. Wer sich dieses Gesetzes bewusst ist, erwirbt die wahren Schätze, denn eine Seele an das Licht zu binden, ist der höchste Verdienst.

Nehmen wir an, ihr hättet eine prachtvolle Stimme. Glaubt ihr denn, sie gehöre euch allein? Oh, nein! Sie steht euch zur Verfügung, weil ihr damit eine bestimmte Aufgabe den anderen gegenüber zu erfüllen habt. Früher oder später werdet ihr den Gebrauch dieser Begabung vor Gott verantworten müssen: »Diese Begabung habe ich angewendet, um reich zu werden, um Ruhm zu erlangen. Ich wollte die Menschen unterhalten, also habe ich ihren Begierden und Launen geschmeichelt, sie in Sinnlichkeit und Leidenschaft eingehüllt.« – »Wenn dem so ist, wirst du deine Stimme verlieren!« wird die Antwort des Himmels lauten.

Die Aufgabe des Sängers besteht darin, bewusst die Seelen ihrer Mitmenschen zu erwecken. Um dieses Ziel zu erreichen, müssen sie zuerst lernen, mit ihren Gedanken auf die Stimmbänder einzuwirken. Ich kann euch folgende Übung raten:

Stellt euch vor, ihr singt, von strahlendem Licht umgeben, vor einem breiten Publikum, vor Tausenden von Menschen, die euch zuhören. Mächtige, subtile Kräfte strömen aus eurer Stimme heraus, dringen in die Seele eurer Zuhörer. Diese werden zutiefst bewegt. Da tut sich ihr Herz auf, ihre Intelligenz wird klarer; sie entscheiden sich, zukünftig für das Gute zu wirken. Monate-, jahrelang solltet ihr auf diese Weise üben. Eines Tages wird eure Stimme fähig sein, einzig und allein die höhere, göttliche Natur in den Menschen zu erwecken.

# VI

# CHORGESANG

Vierstimmig miteinander zu singen, ist eine Leistung von besonderer Bedeutung.

Zuerst ist es ein Symbol von dem, was wir miteinander tun sollten, um Übereinstimmung und Harmonie zu erlangen. Dieses Verschmelzen der Stimmen über unseren Häuptern entspricht zugleich einem Verschmelzen von Geist und Seele.

Außerdem bringen wir durch den Chorgesang unseren Wunsch zum Ausdruck, das ganze Universum zu umfassen, mit dem All in Einklang zu stehen. Bevor ihr zu singen beginnt, ist es deshalb notwendig, einen Blick in euer Inneres zu tun, um euch zu beruhigen und von den alltäglichen Sorgen Abstand zu nehmen. Nur so könnt ihr mit jeder Kreatur des Kosmos in Harmonie stehen und in Einklang mit ihr singen.

Schließlich ist der Brauch, vierstimmig miteinander zu singen, schon eine Widerspiegelung, eine Ausdrucksweise auf materieller Ebene der Übung, die wir jeden Tag – und sogar mehrmals am Tag – machen sollten, um die Einheit von Geist, Seele, Intellekt und Herz zu erzielen.

Die vier Stimmen – Sopran, Alt, Tenor und Bass – entsprechen den vier Saiten einer Geige; die Geige selbst ist ebenfalls ein Symbol des Menschen: Die Saite G versinnbildlicht das Herz, die Saite D den Intellekt, die Saite A die Seele und die Saite E den Geist. Die Geige veranschaulicht den physischen Körper, der Bogen den Willen, der auf die vier Prinzipien (Herz, Intellekt, Seele und Geist) einwirkt.

Durch das harmonische Verschmelzen der vier Stimmen oder durch das Spiel auf den vier Saiten wird uns klar, dass die vier Prinzipien (Herz, Intellekt, Seele und Geist) mit dem Menschen selber in Einklang stehen sollten. Der Geiger muss sein Instrument immer wieder stimmen, warum denn? Eben um uns mitzuteilen, dass der Mensch keine nutzbringende innere Arbeit verrichten kann, wenn sein ganzes Wesen nicht »gestimmt« ist. Folglich sollte man zuallererst seines inneren Zustandes gewahr werden und nichts unternehmen, bevor die »Saiten der Geige« gestimmt sind.

Singen ist etwas sehr Wichtiges. Natürlich kann man sich mit dem Anhören von Schallplatten begnügen, wie man es zu Hause zu tun pflegt. In Frankreich gibt es nicht viele Menschen, die selbst singen; sie scheinen kein besonderes Bedürfnis danach zu verspüren. Es besteht jedoch ein gewaltiger Unterschied, ob man selbst singt oder zuhört, genauso wie wenn man jemanden beim Essen beobachtet oder selber isst. Wenn ihr euch damit begnügt, dem Esser zuzusehen, wird er der Stärkere, nicht ihr; wenn er aufsteht, fühlt er sich dynamisch und arbeitsbereit, während ihr euch kaum rühren könnt. Darin liegt der Unterschied. Ja, die Singenden sind mit dem Bereich der Musik verbunden, während die anderen innerlich immer schwächer werden, weil sie sich nicht ernähren. Die Musik, das Singen sind eine Nahrung, die zu geistiger Arbeit führt. Ihr werdet fragen: »Kann man beim Singen wirklich etwas leisten?« Aber ja! Vorausgesetzt, man betrachtet das Singen nicht als bloßen Zeitvertreib, sondern als eine Tätigkeit, die mit jedem Bereich im Menschen verbunden ist.

Im Baum des Lebens gehört die Musik zur Sephira Chokmah. Dort herrschen die Cherubin. Die Cherubin sind lautere, reine Musik, sie leben in vollkommener Harmonie. Chokmah ist der Bereich des allschaffenden Logos. Dieser ist nichts anderes als die Musik, die harmonischen Klänge, die die Materie gestaltet haben. Denn der Klang gibt der Materie die Formen. Auf diese Weise gestaltete Gott durch den Logos die formlose Materie, das »Tohuwabohu«, wie es in der Genesis auf Hebräisch lautet. Gott hat gesprochen und Formen sind aus diesem kosmischen Staub erschienen. Durch die Wirkung des Logos hat sich eine göttliche Schwingung auf die Cherubin übertragen und sich weiter fortgepflanzt in allen anderen Kreaturen, die die Regionen unterhalb der Sephira Chokmah bewohnen, bis hinunter zur Erde.

Die Cherubin können nur in vollkommener Harmonie miteinander singen. Versuchen die Menschen auch, im Chor zu singen, dann knüpft sich eine Verbindung mit diesem Engelsorden der Cherubin an, denn dieser ist der himmlische Orden der Musik und der Harmonie. Wenn ihr singt, seid ihr schon unbewusst mit den Cherubin verbunden: Diese Harmonie der Klänge wirkt sich auf euch aus; sie kann sogar Teilchen eures physischen Körpers in bestimmte Schwingungen versetzen, bis es ihm eines Tages gelingt, Formen von vollkommener Harmonie und Schönheit zustande zu bringen.

Das Singen bereitet also die günstigsten Voraussetzungen für die Läuterung und Verschönerung des physischen Körpers. Eines Tages werden in eurer Seele Antennen entstehen, die fähig sind, die kosmischen Kräfte aus dem Bereich Chokmah aufzufangen. Ihr werdet Inspirationen empfangen, ihr werdet die Harmonie der Sphären hören und mit den Engeln singen. Die Weisheit wird sich in euch niederlassen, denn die Musik ist eine Ausdrucksform der Weisheit: Chokmah heißt auf Hebräisch Weisheit. Sie ist eine Region, die jenseits unserer Skala der 7 liegt; sie dehnt sich weit über die Planeten unseres Sonnensystems aus; sie umfasst den zodiakalen Bereich. Der Tierkreis ist ein Sinnbild der Grenzenlosigkeit, ein Symbol des Kosmos, der Unendlichkeit. Daher kommt es, dass die Musik uns nach oben zieht, bis wir in die Unendlichkeit eingehen.

Es ist unbedingt notwendig, dies alles zu begreifen; man sollte sich nicht nur mit der sinnlichen Wahrnehmung zufrieden geben, sondern sich auch im Klaren sein, dass das Singen eine wohltuende Wirkung bis in die höchsten Sphären ausübt. Leuchtet euch diese Frage ein, dann bin ich überzeugt, ihr werdet dem mehrstimmigen Gesang viel mehr Zeit widmen aufgrund der greifbaren Ergebnisse, die ihr habt feststellen können. Immer wieder versinkt ihr in scheinbar wichtige Beschäftigungen, die euch weder glücklicher noch edler, weder lichtvoller noch gesünder machen. Es ist wohl möglich, dass diese Nebentätigkeiten euch eine gewisse Erleichterung und Wohlhabenheit verschaffen; zu eurer Wandlung tragen sie jedoch nichts bei. Wenn ihr aus Überzeugung miteinander singt, werdet ihr die Dinge anders sehen. Ihr schreitet auf dem Weg der Entwicklung fort, es tritt eine Wandlung ein.

Selbst wenn ihr euch allein zu Hause traurig und betrübt fühlt, so stellt die Verbindung her mit der Region der Cherubin, sucht euch ein Lied aus, stellt euch vor, ihr sänget mit allen Brüdern und Schwestern der ganzen Welt: Neue Kräfte, neue Eingebungen werden euch durchströmen. Nach dem Singen kommt euch das Leben schöner vor, die Menschen scheinen gütiger zu sein, die Willenskraft wird stärker. Warum sollte das nicht ganz bewusst geschehen?

Ihr verkennt die unterschiedlichen Mittel und Materialien, die euch innerlich zur Verfügung stehen; folglich könnt ihr sie nicht anwenden. Das ist das Schlimmste: Reichtümer zu besitzen und dennoch unglücklich zu sein, weil man nicht weiß, dass man sie besitzt. Widmet ihr dem Singen mehr Zeit, lernt ihr alle – ohne Ausnahme – miteinander zu singen, dann werdet ihr zu erheblichen Ergebnissen kommen. Ihr wirkt vor allem auf euch selbst ein und dann auf die Außenwelt; denn diese Harmonie spiegelt sich allenthalben wider. Früher oder später wird sie auf der ganzen Welt spürbar sein. So arbeitet man für das Wohl der Menschheit.

Alles, was man im Leben tut, ist magisch. Dieser Aspekt bleibt aber fremd und verkannt, denn jeder scheut sich vor dem Wort »Magie«. Jedes Kunstwerk, jedes Gemälde, jede Plastik, jeder Tanz... und sogar die Schönheit jeder Kreatur, alles ist Magie! Das Wort bedeutet Einfluss, Auswirkung einer Sache auf eine andere. Wenn also ein Gegenstand, ein Wesen eine günstige Wirkung auf ihre Umwelt ausüben, wenn sie Frieden, Licht, Harmonie mit sich bringen, dann gilt das als weiße, göttliche Magie. Stiften aber dieser Gegenstand, dieses Wesen Zwietracht, Vernebelung, Verwirrung, dann heißt das schwarze, teuflische Magie. Das sollte unbedingt klar sein, und wir müssen unentwegt danach streben, in konstruktiver, positiver, harmonischer Weise zu denken, zu fühlen und zu handeln. Gelingt es einem, dann wird man zum weißen Magier.

Wenn ihr zum Singen versammelt seid, wohnt eine großartige segensreiche magische Kraft in euch. Die Macht beruht auf Einheit, auf Harmonie: Ihr solltet diese Wahrheit nie aus den Augen verlieren. Denkt an die Familie, die gegründet werden soll. Euer Charakter, eure Tendenzen sind unterschiedlich, genauso wie eure Entwicklungsstufe. Ihr stammt nicht aus demselben Milieu, übt nicht den gleichen Beruf aus... lasst all das beiseite, es ist völlig belanglos und spielt im geistigen Leben keine wesentliche Rolle. In eurem Herzen sollte folgende Idee tief verankert sein: Trotz eurer Divergenzen gehört ihr doch alle der Universellen Weißen Bruderschaft an, ihr seid Angehörige, ihr singt miteinander, um das bewusste Leben auf Erden wachzurufen. In dem Augenblick, ja, da stellt ihr eine wirkliche Macht dar.

Glaubt mir, in dieser Einigkeit wurzelt eben eure Macht. Ob ihr keine Zuneigung füreinander empfindet, ob Differenzen vorhanden sind, ist unwesentlich. Kommt und singt trotzdem miteinander, dann werdet ihr Wunder vollbringen. Ihr denkt: »Ach! Treffe ich den Herrn Soundso, dann drehe ich ihm den Hals um!« Schon gut! Singt zuerst mit den anderen, dann werdet ihr sehen. Singt! Und es könnte sein, dass ihr danach keine Lust mehr dazu verspürt, jemandem den Hals umzudrehen! Ihr werdet euch wundern, woher diese plötzliche Nachsicht kommen mag. Eben vom Singen: Eine bestimmte Wandlung, eine bestimmte Milderung ist in euch eingetreten. Egal, ob ihr einander liebt oder nicht, ob ihr verschiedener Meinung seid, all das ist nicht wichtig: Das Wesentliche ist die Entstehung dieses Zusammengehörigkeitsgefühls.

Bildet ihr euch denn ein, dass die Soldaten, die demselben Regiment angehören und in den Krieg ziehen, gut miteinander auskommen? Oft sind es Nachbarn, die einander hassten. Kommen sie aber einmal zu einem bestimmten Zweck zusammen, dann wundert ihr euch über ihre Leistungsfähigkeit, den Feind zurückzuschlagen. Sie unterstützen und helfen einander, retten sich gegenseitig das Leben. Ist der Krieg aus, dann flammen die alten Zwistigkeiten wieder auf; aber für eine bestimmte Zeit wenigstens haben sie in gutem Einvernehmen gelebt. Warum könnten wir nicht dasselbe tun? Während ihr singt und betet, schwinden eure Missverständnisse dahin, ihr bringt es sogar so weit, dass zwischen euch kein Zwist mehr möglich ist, davon bin ich überzeugt. Darin liegt eben der Unterschied.

Wie kann dieser neue Bewusstseinszustand gefördert werden, damit die hier zusammen getane Arbeit ein Gefühl der tiefen Zusammengehörigkeit auslöse? Dieses Einverständnis sollte sich immer tiefer einprägen, denn hier, in der Gemeinschaft, werdet ihr die wirkliche Schönheit, die wirkliche Harmonie finden. Statt irgendwo herumzubummeln, kommt am besten hierher und singt mit! Ohne euer Zutun wird eine Läuterung, eine Ordnung, eine Erleuchtung, eine Befreiung vor sich gehen. Ihr arbeitet an der Gestaltung eines Kerns, einer Zelle des neuen Lebens. Eines Tages werden all diejenigen, die sich uns anschließen, die verblüffende Feststellung machen: Während sie sich irgendwo amüsierten und ihre Zeit vergeudeten, bahnte sich durch eure Arbeit eine neue Kultur an.

## VII

## DIE BESTE WEISE, MUSIK ZU HÖREN

Alles in der Natur singt und vibriert. Jedes Wesen strahlt Schwingungen aus, die sich in Musikwellen fortpflanzen. Deswegen darf man wohl sagen, die Natur selbst sei lautere, echte Musik. Musik ist in den dahinfließenden Bächen vorhanden, in den hervorsprudelnden Quellen, im fallenden Regen, in den brausenden Sturzbächen, in der anhaltenden Bewegung der Seen und Ozeane. Es gibt Musik im Hauch der Winde, im Rauschen des Laubes, im Zwitschern der Vögel. Die Musik der Natur weckt immer wieder im Menschen ein Gefühl für Musik. Sie regt ihn an, sich selbst durch ein Instrument oder durch das Singen auszudrücken. Seine Gemütsbewegungen, seine mystischen Regungen finden durch die Musik einen spontanen Ausdruck. Durch sie vermittelt der Mensch sein Leid, seine Freuden, seine Liebe und all seine tiefsten Erlebnisse.

Die Musik veranschaulicht das Atmen der Seele und des Bewusstseins. In ihr findet die Seele ihre Offenbarungsmöglichkeit auf Erden. Wird das Überbewusstsein im Menschen wach, entwickelt sich in ihm ein feineres Wahrnehmungsvermögen, dann wird er fähig sein, dieser großartigen Symphonie zu lauschen, die durch den Weltraum hallt bis weithin zu den Grenzen des Universums. Von da an wird ihm der tiefe Sinn des Lebens klarer.

Die Musik weckt in unserer Seele die Erinnerung an die himmlische Heimat, ruft die Sehnsucht nach dem verlorenen Paradies wach. Sie gehört zu den mächtigsten Mitteln. Sie ist mächtiger als Malerei oder Tanz, denn ihre Wirkung ist unmittelbar. Plötzlich besinnt man sich seiner himmlischen Herkunft und weiß, dass man eines Tages wieder dorthin zurückkehren wird. Gewiss gibt es Arten von Musik, die den entgegengesetzten Wunsch erwecken, nämlich so lange wie möglich hier auf Erden zu verweilen; das ist jedoch sicher nicht die wirkliche Bestimmung der Musik.

Jedermann hört Musik; in einer esoterischen Schule wird aber gelehrt, wie man der Musik richtig zuhören muss, um die geistigen Zentren zu öffnen, sich in den Weltraum hinaufzuschwingen, sich zu erheben, zu veredeln, zu läutern und sogar seine eigenen Probleme zu lösen. Hört man einem Werk zu, dann sollte man zuerst herausfinden, was es darstellt, ob es eine gute oder schlechte Kraft ist, die es belebt, und womit es verglichen werden kann, mit dem Wind, mit dem Donner? Ist es wie ein Sturzbach, wie ein Wasserfall, der vom Berg hinabstürzt oder ist es wie Elektrizität, wie Wärme? Was diese Kraft auch sein mag – man sollte sie zu gebrauchen verstehen. Ist es der Wind, dann könnt ihr euch einbilden, ihr fahrt mit gesetzten Segeln auf See. Ist es Elektrizität, so könnt ihr geistige Apparate einschalten usw. Die Musik ist eine Kraft. Jeder Klang, jede Schwingung verursacht bestimmte Bewegungen im Weltraum, löst Kräfte im Menschen aus.

Jeden Tag nach den Mahlzeiten, hören wir Musik. Dadurch möchte ich euch lehren, die Musik als Medium inneren Schaffens anzuwenden. Dank der Musik könnt ihr eine erhebliche geistige Arbeit unternehmen, nämlich die Übertragung erhabener Ideen, erhabener Vorstellungen, die sich eines Tages verwirklichen werden; besonders wenn es um eine mystische, religiöse, tiefe Musik geht, die einen erhebt, in die höheren Sphären hinaufträgt.

Etliche Spiritualisten haben die Rolle der Musik in der Ausführung ihrer Arbeit gering geschätzt; das ist ein Fehler. Die Musik kann ein äußerst wichtiges Mittel sein, um zahlreiche erstarrte Zellen wiederzubeleben, um sich selbst zu veredeln, sich zu wandeln, die Vervollkommnung zu erreichen. Nie sollte man die Musik vernachlässigen.

Mögen die anderen nach ihrem Belieben die Dinge verstehen und ihr Leben führen; euch aber, die ihr danach strebt, auf dem Weg zum geistigen Leben voranzukommen, sollte es gelingen, alles anzuwenden, was euch Gott zur Verfügung gestellt hat. Ein Schüler ist jemand, der lediglich darauf achtet, seine Zeit, seine Energien, alle Materialien, mit denen Gott und die Natur ihn ausgestattet haben, zu verwerten, um etwas Höheres zu realisieren und immer weiter vorwärts zu kommen. Genauso wie dieser Knecht aus dem Evangelium, dem sein Herr vor der Abreise ein paar Taler anvertraut hatte: Der Knecht hatte sich dazu entschlossen, sie zum Nutzen anzulegen, statt sie irgendwo ertraglos liegen zu lassen. Der Schüler ist ein gescheiter, einsichtiger Knecht: Er will all das, was Gott ihm geschenkt hat, für die Verwirklichung einer göttlichen Arbeit einsetzen: Luft, Wasser und Nahrung, Gedanken und Gefühle, seinen Körper, seine Augen und Ohren, alles, was in der Natur existiert, wird von ihm verwertet. Er setzt alles in Bewegung, wird jeden Tag reicher, während die anderen ihre Zeit und ihre Kräfte vergeuden; sie verarmen, weil sie mit dem Kopf nicht methodisch arbeiten.

Also wenn ihr Musik hört, wendet sie bewusst an, um einer bestimmten Arbeit nachzugehen, um durch euer Denkvermögen das Erwünschte zu gestalten. Ihr sehnt euch doch nach so vielen Dingen... aber ohne irgendetwas zu tun, um sie zu erlangen! Die Musik gibt euch alle günstigen Voraussetzungen, schafft eine für das Denken günstige Atmosphäre, so wie der Wind, der das Segel eures Bootes aufbläht: Das Boot entfernt sich, segelt einer neuen Welt entgegen, der göttlichen Welt. Die Musik ist eine mächtige Hilfe zur Verwirklichung.

Es ist selbstverständlich, dass nicht jede Musik euch mit dem spirituellen Bereich verbinden wird. Leider grenzt die heutige Musik mehr und mehr an Lärm und Kakophonie. Als ich in Japan war, habe ich in Osaka – anlässlich der Weltausstellung – einem Konzert zeitgenössischer Musik beigewohnt. Das war zum Verrückt-, zum Krankwerden! Beim Zuhören habe ich es gespürt, wie sehr jene Musik die totale Zerstörung des Menschen, die Zerrüttung seines Nervensystems bedeutet. Man könnte sich wohl fragen, ob nicht Wahnsinnige die Menschheit verrückt machen wollen. Etwas wahnsinnig war sie durch das Wirken einiger schon immer, die Musiker aber werden es vollenden!

Sehr wenige Musiker haben sich mit der wahren Psychologie auseinander gesetzt, um erkennen zu können, wie sich die Töne, die Schwingungen, die Sprache selbst auf den Menschen auswirken. Es sind Gesetze der Physik. In bestimmten Darlegungen habe ich über Experimente des Physikers Chladni berichtet. Ein Beispiel: Ein Pulver wird auf eine Platte gestreut, die man dann mit einem Bogen zum Schwingen bringt. Aus den Schwingungen der Wellen entstehen Kraftlinien, die die schwingenden Teilchen – man könnte sie auch lebendige Punkte nennen – vereinigen und sie dann zurückwerfen zu den Punkten, die nicht im Schwingungszustand stehen, d. h. zu den toten Punkten. Diese bestimmen den Umriss der entstandenen, geometrischen Figuren. Das Experiment habe ich selbst angestellt und bin zu der Schlussfolgerung gekommen, es stehe mit dem Menschen genauso. Die Töne, die wir hören, bewirken in uns geometrische Figuren. Unter der Wirkung der Töne, unter der Kraft der Schwingungen richten sich – wenn auch unsichtbar – winzige Teilchen derartig ein, dass Figuren in uns entstehen. Oft grenzt zeitgenössische Musik an Kakophonie. Hört man dieser Musik zu, dann werden die Struktur, die Harmonie und die Ordnung, die seit jeher durch Gottes Willen in uns vorhanden sind, letzten Endes völlig zerstört.

Die Jugend, zum Beispiel, zieht aufreizende Musik vor, die sie aufputscht; die Jugendlichen gestikulieren und verrenken sich. Die andere Musik, die der großen Komponisten wie Mozart, Beethoven, Haydn, soll anscheinend den Alten vorbehalten sein. Freilich haben jene Jugendlichen überhaupt nichts verstanden. Sie wissen nicht, dass die Musik, die sie vorziehen, nur Impulse größter

Leichtfertigkeit und Oberflächlichkeit hervorruft. Bestimmte Arten von Musik üben schädliche Wirkungen auf das Verhalten, auf das Empfindungsvermögen aus: Die Jugendlichen haben sich aber mit der Wirkung dieser von ihnen bevorzugten Musik nicht befasst. Sie wissen nicht, was durch jene Musik in ihnen entsteht, wohin sie sich gezogen fühlen. Sie wollen es nicht wissen, sie jagen im Gegenteil nur hinter dem her, was sie anspricht, was ihnen im Moment gefällt; sie denken weder an die Auswirkungen noch an die Dummheiten, die sie später begehen werden infolge der Zustände, die solche Musik in ihnen erweckt hat.

Damit ist nicht gemeint, man sollte nur mystische Musik hören (Messen, Oratorien, Requiems usw.) Manchmal hören wir Volkslieder, vor allem aus Tirol. Es tut einem wohl zu hören, wie diese Mädchen und Jungen singen, pfeifen und tanzen.

Übrigens haben seit jeher die Weisen, die mit der menschlichen Natur und deren Bedürfnissen vertraut waren, Festlichkeiten veranstaltet, an welchen sich das Volk entspannen und freuen konnte dank der Musik, dem Tanz, dem Theaterspiel. Dasselbe taten sogar die Kirchenväter nach dem Vorbild der Ägypter und der Griechen. Solche Sitten hätten sich nicht eingebürgert, wäre es den Weisen nicht bekannt gewesen, dass jene Entspannung den Grundbedürfnissen der menschlichen Natur entspricht. Denjenigen, die immer ernst sind, die sich nie entspannen, fehlt es an etwas. Sie sollten sich Tiroler Lieder anhören: Alles klingt so jugendhaft, so fröhlich wie im Frühling! Diese Jugendlichen singen, tanzen und werfen bewundernde und freudige Blicke auf die Sonne, die Natur, den Himmel und die Blumen. Ihre Begeisterung steckt jeden an, und man fühlt mit ihnen, wie schön das Leben eigentlich ist. Die Tiroler Lieder drücken die Sehnsucht nach ewiger Jugend, nach Glück, nach Liebe zur Natur aus. Aus diesen Liedern kann man Energie schöpfen und eine segensreiche Arbeit verrichten.

Die Musik ist also von unerschöpflicher Hilfe bei der Verwirklichung eurer Wünsche. Deswegen solltet ihr – jedes Mal wenn ihr Musik hört – eure Gedanken nicht umherschweifen lassen, sondern sie konzentrieren auf das, was ihr für eure Entwicklung am innigsten erwünscht. Ist es die Gesundheit, dann stellt euch vor, ihr wäret gesund: Was ihr auch tut, wohin ihr auch geht, was ihr auch sprecht oder verzehrt, ihr seid von solch strahlender Gesundheit, dass sich diese unwiderstehlich auf andere überträgt. Fehlt es euch an Licht, an Intelligenz, begeht ihr immer Dummheiten, wendet dann die Musik an; stellt euch vor, ihr lerntet, ihr verständet, ihr wäret von Licht und Weisheit durchflutet, dann könntet ihr sie sogar verbreiten und den anderen mitteilen. Genauso solltet ihr handeln, wenn ihr euch Schönheit, Kraft, Willen oder Beständigkeit wünscht. Tut diese Arbeit für jeden Bereich, in dem ihr Mängel fühlt. Eines Tages werdet ihr wesentliche Wandlungen in euch spüren. Das habt ihr der Musik zu verdanken.

# VIII

# MAGIE DER GESTIK

## I

Es ist euch wohl bekannt, dass der Mensch aus verschiedenen Körpern besteht, die subtiler sind als der physische Körper. Dank diesen unsichtbaren Körpern ist der Mensch fähig, mit einer Anzahl von Kräften, Intelligenzen und Wesenheiten des Universums in Beziehung zu treten. Durch ihn finden oft jene Kräfte und Wesenheiten eine Ausdrucksmöglichkeit in Form von Gesten, Bewegungen und Mienenspiel; umgekehrt kann auch der Mensch durch Gestik und diverse Körperhaltungen – bewusste oder unbewusste – mit verschiedenen Kräften und Wesen eine Verbindung herstellen.

Das ist also eine vielseitige Problematik. Heute werde ich nur auf die enorme Tragweite unserer täglichen, sogar oft unbewussten Bewegungen hinweisen. Diese Gesten kann man in zwei Kategorien einordnen: die harmonischen und die disharmonischen. Ihr sagt manchmal: »Es ist seltsam, aber bei diesem Menschen ist mir nicht wohl zumute!« Oft hängt das von dessen Gestik ab. Natürlich kann die Ursache auch anderswo liegen, es gibt aber eine ganze Reihe von Gesten und Bewegungen, die die anderen verstimmen können. Also sollte jeder unbedingt die Beherrschung seiner Gesten erlernen; das ist für ihn von größter Bedeutung, sonst wird er seine Autorität einbüßen, sich sogar lächerlich machen.

Die Gesten eines Menschen sollten seinem inneren Zustand entsprechen. Harmonische Gesten ohne die entsprechenden Gefühle erzielen kein wesentliches Ergebnis; da aber alle Gesten von Natur aus magisch sind, werden sie nicht ganz ergebnislos bleiben. Die Eingeweihten von hohem Rang, die Meister sind Magier, sie befassen sich mit der weißen Magie: Sie sind fähig, durch ihre Gestik die göttliche Welt herbeizuziehen und auszudrücken; die schwarzen Magier hingegen wenden Gestik an, um ihre unheilvolle Macht auszuüben.

Magie bedeutet Kenntnis der Gestik. Deshalb sollte sich der Schüler jeder seiner Bewegungen bewusst werden: Beim Sprechen, Gehen und Arbeiten sollte er sich vor unnötigen oder schädlichen Gesten hüten, denn sie ziehen vom geistigen Standpunkt aus gesehen schlimme Folgen nach sich. In jeder Geste wohnt eine Kraft, die sich auf unterschiedliche Bereiche auswirkt; jede Geste entspricht Strömungen, Farben, Schwingungen und kommt mit Wesen des Weltraums in Kontakt. Jede Geste öffnet oder versperrt bestimmte Zugänge in der Natur und verbindet uns mit guten oder bösen Mächten. Wollen wir auf dem Weg der Liebe, der Weisheit, der Wahrheit vorankommen, dann müssen wir unsere Gesten überprüfen. Wir müssen uns fragen, ob sie diese drei Tugenden tatsächlich verkörpern oder nicht. Ein Beispiel: Unsere Gymnastikübungen sind Bewegungen der weißen Magie; sie geben uns die Möglichkeit, mit den wohltuenden Kräften der Natur eine harmonische Verbindung aufzunehmen. Sie erschließen in uns geistige Kanäle, dank denen der Austausch der inneren und äußeren Kräfte zustande kommt. Dieser Austausch wirkt sich wohltuend auf unsere Gesundheit aus.

Wir sollten die Gesten studieren, denn einige von ihnen sind wirklich machtvoll und können uns mit den Kräften und Wesenheiten der Natur in unmittelbare Verbindung setzen. Es ist aber gefährlich, Kenntnisse über die magische Wirkung der Gesten zu besitzen, ohne darauf vorbereitet zu sein, diese für das allgemeine Wohl einzusetzen. Befasst man sich nur kurze Zeit mit solchen Dingen, glaubt man sich fähig, sie anwenden zu können, ohne vorher einen Läuterungsprozess zu durchlaufen, dann sind Schwierigkeiten und sogar Missgeschick zu erwarten. Deshalb werde ich mich zuerst auf einige Erklärungen beschränken und Beispiele aufgreifen, die sich auf die einfachsten Gesten beziehen.

Zunächst ein paar Worte über die Gesten, die man mit den Händen ausführt. Gestikulieren beim Sprechen ist bei manchen zur Gewohnheit geworden. Überall steht man entsetzt Menschen gegenüber, die ihre undisziplinierten Hände nicht kontrollieren; sie gehen nervös mit Gegenständen um, zupfen an ihrem Haar oder an den Knöpfen ihrer Kleidung. Ihnen zuzuhören grenzt ans Unmögliche; nach ein paar Minuten Unterhaltung fühlt man sich völlig erschöpft. Die Hände sollten erzogen werden und zur eigenen Beruhigung dienen. Zu diesem Zweck liegen zahlreiche Übungen vor. Einige davon will ich euch lehren.

Zum Beispiel: Mit der rechten Handfläche könnt ihr ganz sanft über den linken Handrücken streicheln, ihn kaum berühren. Oder mit der Spitze der ersten drei Finger der rechten Hand alle Finger der Linken nacheinander streicheln (den Daumen zuerst).

Noch eine andere Übung: Öffnet die rechte Hand, richtet euer Augenmerk auf ihre Mitte, dann schließt die Finger wieder, aber ruhig, langsam, mit vollem Bewusstsein, indem ihr euch ganz und gar auf diese Bewegung konzentriert, bis die Faust geballt ist. Haltet einen Augenblick an und richtet eure ganze Kraft auf die Faust; dann lockert langsam die Finger und öffnet sie. Diese Übung sollte sanft und gesammelt gemacht werden. Ein einziges Mal genügt; auch wenn ihr sie zwanzigmal hintereinander macht, werdet ihr dabei nicht stärker; aber macht sie jeden Tag und zwar so, wie ich es beschrieben habe.

Die Hände versinnbildlichen den Willen. Ihr solltet sie erziehen und dabei Folgendes wissen: Jeder Finger kann Strömungen und Schwingungen verschiedenartiger Natur auffangen und übertragen. Die Finger kann man Antennen gleichstellen. Die Eingeweihten verstehen sich darauf, mit ihren Fingern zu arbeiten; damit fangen sie Strömungen auf, die den Weltraum durchqueren und die Möglichkeit geben zur Heilung, Läuterung und Vorbereitung auf die eigene Arbeit.

Auf den Händen sammelt sich viel Unreines an; sie sollten deshalb öfter gewaschen werden, sonst können sie nicht als perfekte Antennen fungieren. In Wirklichkeit genügt aber das physische Wasser nicht, um die physischen Hände wirklich zu reinigen. Darum solltet ihr euch jedes Mal ganz stark in den Gedanken versetzen, eure Hände so lange wie möglich unter einem Strom von Licht und reinen Farben zu halten.

Verlasst euch nicht auf schwierige und eindrucksvolle Übungen, denn die scheinbar unwichtigsten Übungen bergen das Geheimnis der wirklichen Macht. Das solltet ihr euch ein für alle Mal merken. Beginnt mit den ersten Übungen und macht sie mit Ausdauer, und nicht nur einmal ab und zu, unter irgendwelchen Umständen, denn sonst werdet ihr selbstverständlich – und mit Recht – behaupten können, jene Übungen seien wirkungslos.

Bevor ihr wisst, welche Gesten mit den Händen zu machen sind, fangt damit an, überhaupt keine zu machen. Habt ihr etwas zu sagen oder zu erklären, dann tut es, ohne zu gestikulieren. Gewisse Menschen mögen einwenden, ihre Worte blieben so ohne Wirkung und sie brächten keine Erläuterung hervor. Es stimmt aber nicht. Im Theater oder im Kino kann der Zuschauer beeindruckt werden, auch wenn der Schauspieler mit seinen Gesten sehr sparsam umgeht. Diese Tatsache wird immer häufiger festgestellt, euch ist sie ja auch bekannt. Zu Anfang der Kinematografie bewegten sich die Schauspieler ständig hin und her; derzeit aber verzichten die größten Künstler immer mehr auf die Gestik, und das Publikum wird durch diese Mäßigung stark beeindruckt. Diejenigen, die sensibler, weiser, reifer sind, schätzen Theaterstücke und Filme gering, in denen zu viel gestikuliert wird, wie z. B. in den Singspielen; sie sehnen sich nach einer Sprache, die von innen heraus wächst, einer Sprache, die sich nicht durch theatralisches oder melodramatisches Verhalten ausdrückt, sondern die sich manchmal ganz einfach auf das subtile Spiel der Gesichtsmuskeln oder den Ausdruck der Augen beschränkt. Ihr solltet euch also bemühen, die Zahl eurer Gesten einzuschränken, denn jede von ihnen – besonders wenn sie chaotisch ist – bedeutet einen gewissen Kraftverlust. Nach einem inneren Aufruhr fühlt ihr euch entmagnetisiert, erschöpft, wo doch ein paar harmonische Gesten eine magnetisierende, wohltuende Wirkung auf euch ausüben und ihr so ein Gefühl von Wohlbehagen verspüren würdet.

Der Händedruck ist auch eine sehr wichtige Geste im täglichen Leben. In Europa ist man ständig dazu verpflichtet, einander – als Grußgebärde – die Hand zu drücken, leider versteht es selten jemand richtig. Deshalb muss ich diese Frage klären. Bestimmte Menschen reichen die Hälfte ihrer Hand oder eine schlaffe und tote Hand; statt einen angenehmen Kontakt zu empfinden, fühlt man sich dadurch schlapp und müde; es ist einem nicht wohl zumute. Andere hingegen schütteln uns die Hand mit solcher Kraft, dass wir beinahe aufschreien möchten, das ist keineswegs erfreulicher.

Reicht man einem Menschen die Hand, dann sollte man es mit Liebe und Aufrichtigkeit tun, sonst ist es besser, darauf zu verzichten, denn man wird entmagnetisiert, und man entmagnetisiert auch den anderen. Ich werde noch etwas hinzufügen: Man sollte die Hand nur einmal drücken, nicht zwei- oder dreimal hintereinander. Aus welchem Grund? Das erste Mal gibt man sich gegenseitig etwas, das zweite Mal nimmt man das Gegebene zurück. Beim ersten Händedruck wird etwas Subtiles ausgetauscht; beim zweiten werden die Strömungen dichter, materieller.

Der Charakter eines Menschen wird durch seinen Händedruck offenbart, denn seine Hand besitzt ihre eigene Ausdrucksweise und spiegelt sein ganzes inneres Wesen wider. Messt ihr dem Händedruck eines Menschen besondere Aufmerksamkeit bei, dann könnt ihr viel über ihn erfahren. Je nachdem ob seine Hand warm oder kalt ist, hart oder weich, feucht oder trocken, breit oder schmal, dick oder mager, wisst ihr über ihn Bescheid. Daraus könnt ihr sogar folgern, welche Methode geeignet ist, um mit ihm umzugehen. Vielleicht seid ihr der Meinung, ein Händedruck sei wenig, um sich über einen Menschen klar zu werden. Das ist ein Irrtum. Ist die Hand weich und schlaff, dann wisst ihr, dass euch ein fauler Mensch gegenübersteht; obwohl er ein Plänemacher ist, wird er diese Pläne nie in die Tat umsetzen, denn der Wille fehlt ihm dazu; er selbst ist ein schwacher Mensch, der sich auf die Arbeit anderer verlässt. Ist die Hand sicher, dann gehört sie jemandem, der Ordnung, Arbeit, schwierige Aufgaben liebt; auf den kann man sich verlassen. Derartige Angaben werden euch ermöglichen, in verschiedenen Fällen die jeweils geeigneten Methoden anzuwenden. Andere Hinweise werden auch durch den Zustand der Hand vermittelt: ob sie lebendig, ausdrucksvoll, ausstrahlend ist oder leblos, leer, unbedeutend. Vielleicht staunt ihr, dass ich es zu sagen wage, eine Hand sei leblos oder lebendig. Jedoch vermag eine Hand noch subtilere Nuancen deutlich zum Ausdruck zu bringen.

Bei einem Händedruck könnt ihr – je nach eurer Empfindung – die Dauer eurer Freundschaft mit dem Menschen, dem eine solche Hand gehört, sofort vorausahnen. Denn ihr seid darauf vorbereitet, gut mit den Menschen auszukommen, deren Hand mit der euren harmoniert. Mit solchen Menschen ist eine aufrichtige, dauerhafte Freundschaft möglich. Anderenfalls wird zwischen euch keine wahre Freundschaft entstehen. Wisst ihr schon im Voraus, dass ihr miteinander nicht auskommen könnt, dann werden euch viele Widrigkeiten erspart.

Es ist notwendig, über alle Gesten Bescheid zu wissen; diejenigen, die unnötig und disharmonisch sind, sollten wir korrigieren. Ihr werdet einwerfen, ihr sähet euch selbst nicht von außen; ihr könnt auch nicht auf eure Freunde zählen, die euch diesbezüglich keine Bemerkung machen würden. Gewöhnlich sind es die Feinde, die solchen Dienst leisten; leider ziehen die Menschen keinen Nutzen daraus. Die Weisen sind die Einzigen, die die Nützlichkeit ihrer Feinde zu schätzen wissen!

In Wirklichkeit kann euch niemand in aller Einzelheit vorführen, welche Gesten zu machen wären; jeder sollte das von selbst herausfinden. Einige ahmen die Gestik der anderen nach, die der prominenten Schauspieler, der Politiker, obwohl deren Gesten oft keine Spur besitzen von irgendwelchem geistigen Inhalt oder ganz einfach von gesundem Menschenverstand. Ist eine Geste nicht die Offenbarung eines klaren Gedankens, eines liebevollen Gefühls, eines edlen gerechten Willens, dann hat sie überhaupt keinen Sinn. Um spontan ein richtiges Verhalten zu finden, müsst ihr euch von Liebe, Weisheit und Wahrheit führen lassen. Jedes Gefühl und jeder Gedanke haben ihre eigene Ausdrucksweise. Erst wenn sie aus der Seele, aus dem Geist hervorgehen, werden sie harmonisch übertragen. Vor allem solltet ihr also euer Herz der göttlichen Liebe öffnen, euch dem heiligen Feuer nähern, damit es erwärmt und wiederbelebt werde; ihr solltet euren Intellekt den Strahlen der geistigen Sonne aussetzen, damit das göttliche Licht ihn durchflute und beleuchte; endlich solltet ihr euren Willen mit dem des höchsten Wesens verbinden; durch diesen Kontakt erreicht ihr die notwendigen Kräfte zum schöpferischen Schaffen.

Und ich gehe sogar noch darüber hinaus: Jede unserer Bewegungen, unserer Gesten entspricht einem Ton in der unsichtbaren Welt. Dort erzeugt zuweilen der ahnungslose Mensch verheerende Geräusche. Mit schroffen, unbeherrschten, chaotischen Gesten, lässt er Stürme und Orkane los, die auf ihrem Weg alles verwüsten. Mit harmonischen Gesten erzeugt der Mensch Klänge, die mit dem Plätschern einer Quelle vergleichbar sind oder mit dem Gezwitscher der Vögel im Walde, mit dem Säuseln des Windes im Laube; er erfüllt die Luft mit Blumenduft. Es gibt Bewegungen, die sich beruhigend auswirken, die einen stärker machen, wie ein Sonnenaufgang, wie ein Frühlingsmorgen, wenn die reine Luft vom belebenden Prana durchdrungen ist. Jede Bewegung der Engel im Weltraum ist eine Musik, welche die Menschen nicht im Entferntesten ahnen können.

Meine Meinung über die hysterische Gestik, die derzeit als Tänze und Lieder aufgefasst wird, verschweige ich lieber. Ich will nur sagen, was ein jeder wissen sollte: Jede Geste ist wie ein Stein, der in den Ozean der Kräfte geschleudert wird. Sie erzeugt Wellen, die früher oder später unwiderruflich zu ihrem Ausgangspunkt zurückfinden. Wer dann von Schocks getroffen wird, sollte sich nicht wundern. Sie sind das Ergebnis von brutalen Gesten, die er vor Jahren gemacht hat und die jetzt mit Gewalt auf ihn zurückkommen. Jede Geste löst eine subtile Energie aus, die bestimmte Schalter in der Natur betätigt; euch obliegt es, im Voraus zu wissen, was sich daraus ergeben wird. Deswegen ist das Wissen über die Gestik von solcher Bedeutung. Durch die eigenen Gesten kann man sich selbst in Gefangenschaft setzen; durch die eigenen Gesten ist man auch fähig, sich selbst zu befreien.

In der neuen Lehre werden sich die Erzieher mit dieser so bedeutsamen Frage intensiv auseinander setzen. In Schulen, in Familienkreisen habe ich schon – was die Erziehung betrifft – viel Gefährliches festgestellt. Als Pädagoge habe ich mich eingehend mit solcher Problematik befasst. Gewisse Kinder leiden an Nervenkrankheiten, einfach weil ihre Mutter keine Ahnung hat, mit welchen Gesten sie sie waschen, ernähren, streicheln sollte. Der Mensch gleicht einer höchst komplexen, mit vielen Schaltern ausgestatteten Maschine: Berührt man einen davon, dann hat das diese oder jene Folge; drückt man auf einen anderen, so erhält man ein anderes Resultat. Wenn jemand ein Kind erziehen oder heilen möchte, sollte er wissen, auf welche Weise er die Hände, die Füße, den Körper des Kindes berühren muss.

Ich möchte abermals darauf hinweisen: Damit eine wirksame Macht den vollkommensten Gesten innewohnt, müssen diese aufrichtig sein. Ein äußerlich nettes Verhalten, das kein innerliches Gefühl widerspiegelt, bleibt wirkungslos. Bevor ihr euch nach außen hin manifestiert, solltet ihr die entsprechenden Gefühle und Gedanken in euch hervorrufen.

In Wirklichkeit – auch wenn die Menschen etwas verheimlichen wollen – machen sie Gesten, die etwas von ihrer tiefen Natur oder sogar von ihrem vergangenen Leben verraten. Seht ihr z. B. jemanden, der sich beim Sprechen immer die Finger reibt, als zählte er Geld, dann könnt ihr sicher sein, er ist Kassierer oder... Wucherer gewesen. Vor ein paar Tagen kam ein Mann zu mir. Nichts bei ihm konnte auf einen besonderen Beruf hinweisen oder andeuten, was für ein Leben er geführt hatte; aber plötzlich schloss er beim Sprechen die Augen und faltete die Hände auf solche Weise, dass es mir einleuchtete: Dieser Mann muss Priester gewesen sein. Und es stimmte. Es gibt ganz kleine Gesten, die auf den vorher beschrittenen Lebensweg hinweisen. Glaubt nicht, es wäre möglich, das was ihr tut oder getan habt, ganz und gar zu verheimlichen. Seid ihr in diesem oder sogar in einem früheren Leben Aristokrat, Despot oder Spion gewesen, dann bildet euch nicht ein, ihr könntet es völlig geheim halten. Was ihr auch tun mögt, sogar die Art, wie ihr beim Gehen die Füße setzt – Ferse oder Spitze zuerst – eure tiefere Natur kommt an den Tag. Für diejenigen, die diese Anzeichen zu deuten wissen, ist alles klar.

Eine Frau, zum Beispiel, wünscht, die Aufmerksamkeit eines wahrhaft Eingeweihten auf sich zu lenken oder in hoher Achtung bei ihm zu stehen. Sie sucht ihn auf, stellt sich in aller Liebenswürdigkeit und Demut vor und begreift nicht, warum ihr Wunsch nicht in Erfüllung geht. Dem Eingeweihten sind ihre körperlichen Bewegungen nicht entgangen; sie verraten eindeutig ihr vergangenes Leben: Jahrelang hat diese Frau sich in alle erniedrigenden Leidenschaften eingelassen, nur das Erwecken der Sexualtriebe in den anderen zum Ziel gehabt, um sie nachher Leid und Qual zu überlassen. Möglicherweise wollte sie in dem Eingeweihten Liebe erwecken, einfach, um ihre Eitelkeit zu befriedigen. Die wirklich Eingeweihten sind gegen derartiges gefeit; Lauterkeit, Schlichtheit, Aufrichtigkeit und Güte allein vermögen sie zu bewegen.

Wie viele Männer und Frauen lernen ganz bewusst, mit welchen Körper- und Gesichtsbewegungen sie den Sexualtrieb der anderen wecken können! Sie ahnen nicht, dass solche Anziehungskraft von sehr kurzer Dauer ist; in ihrer Seele bleibt von all dem nur Asche und Bitterkeit. Leider besitzen nur sehr wenige die Gabe, das höchste Wesen in der Tiefe der menschlichen Seele zu erfassen, damit ein aufgeschlossenes Leben in den Mitmenschen erweckt werde, ein Leben, in dem Schönheit und ewiger Frühling walten.

Die Körper- und Gesichtsbewegungen sind für denjenigen, der sie auslegen kann, eine klare, unbezweifelbare, wirksame Sprache. Sie sind wie ein Brief, der sichtbaren und unsichtbaren Welt bestimmt, dem wir immer noch neue Worte hinzufügen. Diese Körper- und Gesichtsbewegungen sind geheimnisvolle Zeichen; durch sie kommen wir in Kontakt mit allen vernünftigen und unvernünftigen Wesen der Natur. Derartige Bewegungen sind Ausdruck unseres Intellekts, unseres Herzens; durch sie wird uns die Möglichkeit vergönnt, unsere Zukunft aufzubauen oder zu untergraben.

Der Unterschied zwischen einem schwarzen Magier und einem weißen Magier liegt darin: Die Bewegungen eines schwarzen Magiers bedrohen den inneren Frieden der anderen, lähmen ihr Denkvermögen, verwirren ihre Gedanken und halten ihren Geist von den Quellen des Lebens ab. Die Bewegungen des weißen Magiers hingegen spiegeln Lauterkeit, Harmonie, Beschaulichkeit und Sanftmut wider; seine Bewegungen sind aufrichtig und durch Schönheit geprägt; sie beleben und erleuchten uns, sie sprengen unsere Fesseln, mit denen wir an die niedere Natur gebunden sind. In der Zukunft wird es Schulen geben, in welchen den Menschen durch bestimmte Bewegungen und Musik gelehrt wird, körperliche und moralische Erneuerung zu erzielen. Die »Paneurhythmie«* ist eben eine dieser Methoden.

Indem ich ganz kurz über die Gestik berichtet habe, ist mir klar, dass ich solch ein umfangreiches

* Die »Paneurhythmie« ist ein Tanz, dessen Musik von Meister Peter Deunov komponiert wurde.

Thema bei weitem nicht erschöpft habe. Diese wenigen Worte waren nur als Anregung zur Überlegung gedacht. Von dem Ganzen solltet ihr euch Folgendes merken: Jede unserer Gesten ist eine Ausdrucksform von Kräften, die von weither zu uns kommen. Alle Eingeweihten betrachten die Gesten als Buchstaben, als Zeichen, die zur Entschlüsselung unsichtbarer Ereignisse und Phänomene dienen. Jene Phänomene entstehen auf diversen, den physischen Augen unzugänglichen Gebieten; sie durchziehen unzählige Regionen, bevor sie sich endlich durch körperliche Bewegungen offenbaren.

Möge sich nun eure Seele dem neuen Leben aufschließen! Macht harmonische Gesten! Möge euer Geist im Dienste der göttlichen Sache stehen für das Wohl der gesamten Menschheit!

## II

Unsere Hände gleichen Antennen, die fähig sind, die Energien aus dem uns umgebenden kosmischen Ozean heranzuziehen und in uns aufzunehmen. Oft zielt unser Bewusstsein in eine ganz andere Richtung oder es ist nicht ganz wach; daher fangen wir diese Kräfte so selten auf. Mag unser Bewusstsein nun wach sein oder nicht, wir nehmen ständig Kräfte auf, aber diese sind physischer, materieller Natur; es sind dieselben Kräfte, die jede Kreatur, jedes Tier, jede Pflanze empfängt. Auch wir haben Wurzeln wie die Pflanzen; je tiefer die Wurzeln in das Erdreich hineinwachsen, desto kräftiger werden die empfangenen Energien. Die himmlischen Kräfte können sie aber nicht aufnehmen; das können nur die Blätter und Blüten. Magen, Eingeweide und Geschlechtsorgane befinden sich unterhalb des Sonnengeflechts und des Zwerchfells, sie entsprechen den Wurzeln; der Kopf (mit Mund, Ohren, Nase und Augen) entspricht den Blüten, er empfängt viel subtilere Energien.

Nun ein paar Worte über die Hände. Sie sind das magische Instrument par excellence. Die Magier verstehen sich auf die Verwendung ihrer Hände; mit ihnen können sie Kräfte empfangen oder projizieren. Sie sind fähig, diese Kräfte zu orientieren, zu lenken, sie zu verstärken oder zu vermindern. Mehrmals am Tag grüßen wir einander mit einer Handbewegung. Ihr habt keine Ahnung von der Bedeutung und Wirksamkeit einer solchen Geste. Nur diejenigen, die ein waches Bewusstsein haben, wissen darüber Bescheid. Für die anderen bedeutet diese Geste nichts anderes als ein althergebrachtes Zeichen. Selbstverständlich hängt alles auch von eurem Gemütszustand ab: Seid ihr selbst müde und entmutigt, dann wird sich das auf die anderen übertragen. Spürt ihr aber in euch Kräfte, die fähig wären, Berge zu versetzen, dann werden auch die anderen großen Vorteil daraus ziehen.

Wenn ein Eingeweihter morgens seine Tür aufmacht, hebt er den Arm und grüßt die gesamte Natur, die Bäume, den Himmel, die Sonne. Er begrüßt den neuen Tag und die ganze Schöpfung. »Wozu?« werdet ihr fragen. Ihm aber dient es sehr, denn auf diese Weise kommt er mit der Quelle des Lebens in Kontakt. Ja, wirklich! Weil ihm die Natur eine Antwort gibt. Wie oft am Morgen, wenn ich meinen Garten verlasse, habe ich die Engel der vier Elemente begrüßt, die Engel der Erde, des Wassers, der Luft und des Feuers, und die Elfen, die Erd- und Wassergeister, die Salamander. Dann darf man zusehen, wie sie tanzen und singen, wie sie sich freuen. Den Bäumen, den Steinen, dem Wind wünsche ich auch guten Morgen. Ihr solltet es ebenfalls versuchen! Dabei werdet ihr eine bestimmte innere Ausgeglichenheit und Harmonie in euch fühlen. Manches, was noch rätselhaft, unbegreiflich war, wird dann klar werden, einfach, weil ihr euch entschlossen habt, die lebendige Natur und jede in ihr wohnende Kreatur zu begrüßen.

Die Schüler, die wirklich der göttlichen Schule angehören, wissen, wie sie sich anstellen müssen, um den lichtvollen Wesenheiten der sichtbaren und unsichtbaren Welt einen Gruß zukommen zu lassen. Sie tun es jeden Tag, und ihre Begrüßung bleibt nicht ohne Antwort. Durch diesen Austausch gewinnen sie immer mehr an Kraft und Erleuchtung.

Der Gruß, den ihr anderen Menschen entbietet – ich betone es nochmals – mag kostbare Elemente enthalten, aber lediglich, wenn er bei vollem Bewusstsein getan wird, mit viel Liebe im Blick, in der offenen Hand, und mit dem Wunsch, diese Liebe für das allgemeine Wohl der ganzen Menschheit zu projizieren. Jene Begrüßung sollte als Symbol einer tiefen, bewussten Zusammengehörigkeit gelten, deswegen sollte sie wirksam, harmonisch und voller Leben sein.

Jede Kreatur braucht Liebe. Das einzige Recht, das ihr der Schöpfer zugebilligt hat, ist Lieben und Geliebtwerden. Das Wichtigste dabei ist zu wissen, wie man sich verhalten soll, damit weder Leid noch Missverständnis entstehen. Lieben ist eine Notwendigkeit. Demjenigen, der danach strebt, seine Liebe bis zur Vollkommenheit heranreifen zu lassen, wird vergönnt, diese Liebe aus dem Universum zu schöpfen, denn das ganze Weltall ist von ihr durchdrungen. Warum glaubt man immer, es sei notwendig, einen Mann oder eine Frau zu umarmen, wenn man Liebe erweisen oder empfangen möchte? Wenn man mit jemandem spazieren geht, mit ihm spricht, ihn anschaut oder begrüßt, so ist das Liebe, und sogar Liebe in ihrer höchst spirituellen, subtilen, ätherischen Form. Das habt ihr sicher selbst erfahren, nicht wahr? Und ihr wart glücklich und erleuchtet dabei. Warum versucht ihr denn nicht, diesen Zustand so lange wie möglich zu bewahren, ihn sogar zu steigern?

Lasst doch diese Überzeugung fallen, die Menschen seien nicht dazu geschaffen, die höchste Liebe zu erleben. Lieben die Engel und Erzengel nicht? Doch, und ihre Liebe ist sogar viel machtvoller und intensiver als die unsere; jedoch spüren sie kein Bedürfnis, ihre Liebe wie die Tiere zu manifestieren. Wollt ihr von nun an die Formen eurer

Liebe veredeln, solltet ihr zunächst lernen, wie man jemanden bei vollem Bewusstsein begrüßt, mit viel Licht in Blick und Hand. Daheim oder im Wald seid ihr völlig frei, die Hand zu heben, um allen unsichtbaren Wesenheiten der Natur sagen zu können: »Ich liebe euch, ich liebe euch alle!...« Manche jener Wesenheiten sind so hervorragend, dass sie bei weitem die Menschen an Macht und Schönheit übertreffen. Sie hören euch, nähern sich, sind da in unmittelbarer Nähe, ihr seht sie aber nicht. Sie haben Freude am Leben, umgeben euch, und alle lassen euch an ihrem Reichtum teilhaben.

»Gib, so wird dir gegeben«. Sobald ihr etwas hingebt, kommen andere, die euch bescheren, denn das Universum kennt keinen Stillstand. Es wird gesagt, die Natur entsetze sich vor der Leere. Es stimmt schon: Sobald irgendwo ein Vakuum entsteht, wird es gleich ausgefüllt. Ist euer Reservoir leer, weil ihr allen Kreaturen eure Liebe und die besten Wünsche gegeben habt, dann beglückt euch der Himmel mit Segen und Wohltaten.

Ihr verkennt die Macht, die in der Hand wohnt. Wenn Moses während der Kämpfe die Hand hob, trugen die Hebräer den Sieg davon; er projizierte Kräfte, die seinen Kriegern Beistand leisteten. Dauerte die Schlacht eine längere Zeit an, dann musste sein Arm von seinen Gefolgsleuten gestützt werden. Ist es möglich, die Macht der Hand bei Feindseligkeiten anzuwenden, warum könnte man sie nicht gebrauchen, um Liebe und Harmonie hervorzurufen? Sind einige gerade dabei, einander niederzumetzeln, dann hebt die Hand: Sie werden die Waffen beiseite legen und einander umarmen. Sie werden sich weigern weiterzukämpfen, denn sie empfangen die an sie gerichteten, wohltuenden Schwingungen.

Wenn ihr nun wisst, wie ihr die Hand ausstrecken sollt, um Kräfte zu empfangen, sie auf euch selbst und auf die anderen zu projizieren, damit alles ausgeglichen, gereinigt, geheilt und belebt werde, dann werdet ihr zu einem weißen Magier. Wenn ihr grüßt, werden Strahlen und Kräfte projiziert, fünf Strahlen, fünf verschiedene Farben. Ihr sagt, ihr sähet sie nicht. Legt die Hand auf euer Gesicht, ihr werdet dann der Ausstrahlung gewahr oder legt sie auf euren Nacken, ihr werdet dann spüren, wie euch die Kräfte und die Wärme durchdringen.

Mit der Hand kann so viel Herrliches getan werden! Sie ist ein magisches Werkzeug. All das, was die Menschen mit ihren Händen tun, ist nichts im Vergleich zu dem, was sie tun könnten. In die Hand hat die kosmische Intelligenz die ganze Zukunft des Menschen hineingelegt. Dank seinen Händen hat der Mensch alles erworben, was er besitzt. Die Hand ist ein lebendiges Wesen mit eigenem Gehirn, eigenem Nervensystem, eigenem Magen. Ja, natürlich! Wie sich das Universum in den verschiedenen Organen unseres Körpers widerspiegelt, ebenso spiegeln sich auch die Organe unseres Körpers in der Hand wider.

Die Hand steht genau in den gleichen Beziehungen zu unserem Körper wie dieser mit dem Universum. Deswegen ist sie von so großer Wichtigkeit, und wir sollten lernen, mit ihr umzugehen.

# IX

# DIE SCHÖNHEIT

Gäbe es nicht im Weltall ein kosmisches Prinzip, die Göttliche Mutter, das sich ständig damit befasst, die Harmonie der Formen zu bewahren, dann wären die Menschen von abstoßender Hässlichkeit. Denkt nur daran, wie sie ihr Leben führen, in ewigem Durcheinander, in Leidenschaften und Konflikte verstrickt, ohne den Wunsch nach Vervollkommnung zu empfinden – wie sollte da nicht ihre Schönheit verloren gehen?

Es gibt schöne Männer und schöne Frauen. Sieht man aber, was für Grillen und Schamlosigkeiten sie in ihrem Kopf und in ihrem Herzen haben, dann wundert man sich: Wenn es eine absolute Gerechtigkeit gäbe, so müsste ihre äußere Erscheinung erschreckend und abstoßend sein. Diese fehlende Beziehung zwischen dem Inneren und dem Äußeren kommt daher, dass sich das Innenleben viel rascher wandelt als die äußere Form. Hier geht es also um einen Bruch zwischen

Vergangenheit und Gegenwart. In der Zeitspanne eines einzigen Tages vermag der Mensch seine philosophische Einstellung, seine gesamte Weltanschauung zu ändern. Sein Aussehen wandelt sich hingegen sehr langsam, denn es ist aus einer Materie gemacht, deren Widerstandskraft viel größer ist als die der geistigen Eigenschaften.

Stellt euch einen Menschen mit abstoßendem Aussehen vor, aber dessen philosophische Auffassung göttlicher Art ist. Allmählich durchdringt diese Auffassung sein ganzes Wesen; die Materie seines physischen Körpers wird dadurch belebt, bis sie eines Tages sein inneres Leben, seine Seele, seinen Geist genau widerspiegelt: Diese Materie wird dann strahlend schön und göttlich. Das Gegenteil mag auch vorkommen. Führt ein Mensch von blendender Schönheit ein verdorbenes Leben, dann wird er sich äußerlich nicht gleich verändern; aber eines Tages wird sein Anblick doch dem inneren Zustand entsprechen. Es ist also schwer zu beurteilen. Oft bleibt man an einer von der Vergangenheit geprägten Form haften; daraus erfolgt dann ein Fehlurteil. Doch es ist eine Frage der Zeit: Früher oder später spiegelt die Form das Innenleben wider.

Also besitzt jeder Mensch ein inneres Gesicht, verschieden von dem, welches die anderen Tag für Tag zu sehen bekommen. Es ist das Angesicht seiner Seele, dessen Züge nicht so fest bestimmt, nicht so unwandelbar sind wie diejenigen seines körperlichen Gesichtes; das seelische Angesicht verändert sich ständig, denn es steht in engem Zusammenhang mit dem psychischen Leben, mit den Gefühlen und Gedanken; bald sieht dieses Angesicht lichtvoll oder verdunkelt aus, bald harmonisch oder fratzenhaft, ausdrucksvoll oder leer. Dieses innere Angesicht sollte der Mensch jeden Tag modellieren, veredeln, bemalen, erleuchten, damit es endlich einmal auch sein körperliches Gesicht präge.

Euer heutiges Gesicht war in einem früheren Leben das Angesicht eurer Seele. Es stellt die Summe aller von euch gepflegten Tugenden und Laster dar. Vielleicht seid ihr mit ihm nicht besonders zufrieden, doch nun ist kaum etwas daran zu ändern. Grübelt deshalb nicht mehr; befasst euch mit eurem inneren Angesicht, das dem äußeren in seinem Gestaltungsprozess als Vorbild gedient hat. Fangt ihr an, euer seelisches Angesicht bewusst zu veredeln, dann bemerken es vielleicht die Menschen in eurer Umgebung nicht, doch die Engel schon, und sie werden euch segnen. Zuerst widersteht das äußere Gesicht allen Veränderungen, aber nach längerer Zeit lässt sein Widerstand unter dem Druck des anderen Gesichtes nach, denn das Angesicht der Seele ist mächtig und prägt dem äußeren Gesicht seine eigenen Züge auf. Von Zeit zu Zeit lässt es schon etwas von seiner Schönheit durchschimmern. Es mag sein, dass die Seele so viel Licht, Güte und Erhabenheit ausstrahlt, dass diese Ausströmung durch das äußere Gesicht hindurch wahrnehmbar wird; dann kommt das geistig erhabene Angesicht flüchtig zum Vorschein. Setzt eure Arbeit beharrlich fort; es wird der Tag kommen, an dem eure beiden Gesichter übereinstimmen werden.

Wie das Aussehen eines Menschen auch sein mag, es liegt doch in ihm etwas verborgen, was nie irreführen kann und seine grundlegende Natur offenbart: seine Emanationen, sein Fluidum. Wie schön oder hässlich der Mensch auch sein mag, ihr werdet euch nicht irren, wenn ihr fähig seid, seine Emanationen wahrzunehmen, denn diese spiegeln den inneren Zustand mit absoluter Genauigkeit wider. Sind die Emanationen trüb, disharmonisch, schädlich, dann drücken sie genau seine Gedanken und Begierden aus. Die Seele eines Menschen kann nicht wirklich sichtbar werden, ihre Ausstrahlungen sind aber spürbar. Strahlt dieser Mensch Lauterkeit und Licht aus, dann könnt ihr hundertprozentig sicher sein, dass seine Seele schön und erhaben ist. Manchmal sind diese Ausstrahlungen so kraftvoll, dass sie trotz ihrer Subtilität sichtbar werden. Ein Beispiel: Es gibt sehr hässliche, missgestaltete Menschen, die einen Augenblick lang wie verwandelt dastehen. Ihre Emanationen haben für eine Weile ihre Form verwandelt. Drei Punkte sind also zu berücksichtigen: die Form, die Emanationen, die durch diese Form zum Ausdruck kommen, ihr aber nicht immer entsprechen, und der Geist, der diese Emanationen erzeugt. Da es fast unmöglich ist, den Geist wahrzunehmen, weil die Form irreführend ist, sind es einzig und allein die Emanationen, die uns die wahre Natur eines Menschen erkennen lassen.

Hinter der Form gibt es also noch etwas, was wir erkennen müssen: den Ausdruck; die Emanationen, die das Innere eines Menschen, den Lebensstrom widerspiegeln. Will man noch weiter eindringen, um sich den in den himmlischen Sphären lebenden Geist dieses Menschen zu vergegenwärtigen, dann tut sich eine außerordentliche Pracht vor uns auf. Solche Pracht kann sich aber nicht einmal durch die Emanationen offenbaren, denn der physische Körper ist nicht in der Lage, eine derartige Subtilität durchscheinen zu lassen.

In Wirklichkeit gibt es keine Erklärung für die Schönheit. Es ist ein Leben, das pulsiert, das ausstrahlt. Stellt euch zum Beispiel einen Diamanten vor, auf den ein Sonnenstrahl fällt. Ihr werdet fasziniert sein von der plötzlich aufleuchtenden Farbenpracht. Das eben ist die wahre Schönheit. Sie ist mit dem Licht der Sonne vergleichbar. Je mehr es einem Menschen gelingt, derartige Schönheit auszustrahlen, um so näher reicht er an die wirkliche Schönheit heran. Diese ist nicht in den Formen vorhanden; die wirkliche Schönheit hat gar keine Form, denn sie ist dort oben, auf einer Ebene, wo es nur Strömungen, Kräfte, Ausstrahlungen gibt. Darf man diese Pracht einmal betrachten, dann gerät man in solche Ekstase, dass man beinahe sterben möchte. Die wahre Schönheit begegnet uns weniger im Körper oder im Gesicht der Menschen; sie befindet sich in höheren Sphären. Sobald aber ein Mann, eine Frau mit der göttlichen Welt verbunden und fähig sind, einige Ausstrahlungen von dort zu übertragen, dann gelingt es ihnen, etwas von dieser Schönheit widerzuspiegeln.

Merkt euch also dies: Die Schönheit befindet sich nicht in der Form, sondern in den Ausstrahlungen, in den Emanationen. Deshalb sollte sich niemand auf sie stürzen, um sie festzuhalten und zu verschlingen. Die Schönheit ist keine greifbare Form. Sie sollte nur betrachtet werden und als ständige Quelle der Bewunderung dienen; man sollte sich von ihrer Gegenwart durchdringen lassen. Missbrauchen die Menschen die Schönheit, um sich gegenseitig in den Abgrund zu stürzen, dann ist nicht die Schönheit daran schuld. Die Schuld tragen diejenigen, die nicht geläutert genug sind. In sich selbst entfachen sie ein Feuer, das – all ihrer Unreinheiten wegen – zu rauchen beginnt. Die Schönheit ist nicht dazu geschaffen worden, um die Menschen zu Fall zu bringen, sondern um sie zu Gott zu führen, um ihnen Anlass zu geben, sich bis in die höchsten Sphären hinaufzuschwingen. Ich weiß schon, dass solche Betrachtungsweise nicht üblich ist, ja, fast grotesk erscheinen mag. Die meisten Menschen tun, als wäre die Schönheit nur dazu da, damit sie sie betasten, besitzen, beflecken und zerfleischen können. Wie Kinder, die die Seiten eines Buches zerreißen, nachdem sie sich die Bilder angeschaut haben!

Denkt daran, wie viele schöne Frauen völlig zerstört, verdorben worden sind! Sie waren weder gescheit noch aufgeklärt und haben sich den Säuen preisgegeben. Bildschöne Mädchen sind leider selten gescheit. Genauso ist es auch mit schönen Männern. Das Gesicht der klugen Männer ist eher asymmetrisch, unproportioniert. Sind der Stamm und die Äste eines Baumes verwachsen, dann ist es ein Beweis, dass dieser Baum viel Schweres hat durchmachen müssen, bis er ausgewachsen war. Um jeden Preis hat er alle Hindernisse überwinden wollen, um zu überleben; er hat nach allen Richtungen hin gekämpft, und dieser Kampf spiegelt sich in Stamm und Ästen wider. Genau so verhält es sich mit dem Menschen: Das verkrampfte, asymmetrische Gesicht gewisser hervorragender Menschen ist ein Beweis, dass sie viel Schweres haben überwinden müssen. Öfters haben sie die intellektuellen Kapazitäten und den Willen entwickelt, leider zum Nachteil von Güte und moralischen Eigenschaften; so haben sie ihr Gesicht verformt. Die Schönheit vermittelt eher moralische als intellektuelle Eigenschaften. Ja, so ist es, ihr habt es aber nicht gewusst! Schöne Menschen sind nicht immer gescheit. Oft wird sogar ihre Gutmütigkeit schamlos ausgenützt von anderen, die bei weitem nicht so schön aussehen, aber sie verstehen es, jede Chance zu ergreifen.

Die Schönheit hat viel mehr Affinität mit der Güte als mit der Intelligenz. Ihr werdet einwenden: »Das stimmt nicht! Ich habe bildschöne Frauen gekannt, die wahrhafte Teufel waren!« Nein, ihr habt nicht gut hingeschaut. Beobachtet man solche Frauen, dann spürt man hinter der Schönheit ihrer Gesichtszüge etwas Grausames, Schlaues und Egoistisches. Das hat mit der wahren Schönheit, von der hier die Rede ist, überhaupt nichts zu tun. Ihre Haltung, ihr Betragen verrät, dass es ihnen im Grunde lediglich um die Verfolgung bestimmter Zwecke geht; und das ist das Hässliche, das durch alles hindurchdringt. Viel einfacher, naiver, natürlicher ist die wirkliche Schönheit. Schlauheit und Berechnung sind ihr fremd; von besonderer Klugheit ist sie nicht, sie ist aber voller Güte.

Solche Nuancen werden erst nach langem Üben erkennbar. Das ist etwas sehr Subtiles, es geht nicht nur aus den Gesichtszügen, aus der Form hervor, das habe ich schon erwähnt. Bestimmte Frauen mögen schön sein, aber die fürchterlichen Begierden und Ambitionen, die aus ihrem Astralleib ausströmen, werden diejenigen, die sie lieben, zugrunde richten. Ihr Gesicht und ihr Körper sind ein Beweis, dass sie sich in einem früheren Leben lange um gute Eigenschaften und Tugenden bemüht haben. Derzeit arbeiten sie nicht mehr in derselben Richtung; der physische Körper verändert sich aber nicht so rasch; selbst wenn diese Frauen einen falschen Weg beschreiten, leistet ihr physischer Körper weiterhin Widerstand, zeigt noch etwas von ihrer vergangenen Herrlichkeit. Die Schlossdame steckt bis über die Ohren in Schulden, aber das Schloss sieht noch prächtig aus, denn die Quader sind fest und widerstandsfähig. Die Quader des Gebäudes stellen eben den physischen Körper dar. Nach einiger Zeit werden auch sie zusammenstürzen. Allein derjenige, dessen Innenleben geordnet und harmonisch verläuft, arbeitet unbewusst an der Gestaltung und Modellierung seines Gesichtes und seines Körpers für das allgemeine Wohl.

Entschließt euch, von nun an euer Verhältnis zur Schönheit richtig zu stellen. Ihr solltet sie als einen Ausdruck der lebendigen Natur betrachten; durch sie wird euch die Möglichkeit gegeben, euch Gott zu nähern. Wollt ihr euch von der wirklichen Schönheit eine lichtvolle, lautere Vorstellung machen, dann greift nach einem Kristall, einem Prisma und seht, wie das Licht beim Durchfallen sich zu solch faszinierender Farbenpracht entfaltet, dass man in stundenlange Ekstase geraten könnte. Ich tue es oft und freue mich, diese Pracht des Lichtes betrachten zu dürfen; und ich rate euch, es auch zu tun, ihr werdet viel dabei gewinnen. Einige werden sicher behaupten, sie seien nicht darauf vorbereitet, so etwas sei nicht ihre Sache; nein, das ist kein triftiges Argument. Im Gegenteil, sie sollten sich sagen: »Obwohl ich nicht dafür veranlagt und schwach bin, beschließe ich, mich künftig durch die Schönheit zu ernähren.« Solange ihr euer Augenmerk auf euren dürftigen, gegenwärtigen Zustand richtet, statt auf den, welchen ihr erreichen könnt, werdet ihr überhaupt nicht vorwärts kommen, das ist klar.

Die wirkliche Schönheit ist nicht auf der physischen Ebene zu finden, sie liegt anderswo. Freilich ist die Erde schön mit ihren Pflanzen, Bergen, Seen, Flüssen. Aber im Vergleich zu der Pracht dort oben – das muss ich gestehen – verblasst die Schönheit der Erde. Die Schönheit ist eine Ausdrucksform der höchsten Vollkommenheit. In ihr sind Intelligenz, Licht, Lauterkeit, Musik, Farbe und Duft mit einbezogen. Deswegen ist für mich die Schönheit mit der Gottheit eng verbunden. Die Gottheit ist die Schönheit; und ich sage es euch, wäre Gott nicht schön, wäre Er nur weise, liebevoll und allmächtig, dann würde ich Ihn nicht so innig lieben. Ich liebe Ihn, weil Er schön ist, Ihm will ich ähnlich sein.

Viele Menschen sind auf der Suche nach Gott, weil Er allmächtig und allwissend ist; ich suche Ihn, weil Er schön ist. Ich habe eine Schwäche für die Schönheit, d. h. für die Vollkommenheit. Umso besser, denn derartige Schwächen sind notwendig! Die einzige – sogar glorreiche – Schwäche, die man euch nicht vorwerfen wird, ist eben die Schwäche für die Schönheit, die göttliche Schönheit. Ich sage es ganz offen, ich habe bildschöne Mädchen gesehen und auch sehr gut aussehende Männer; besonders fasziniert wurde ich von keinem; denn ich suchte eine andere Art von Schönheit, jene Schönheit eben, die hinter der Form steht. Mich hat meine Liebe für die Schönheit stets gerettet. Habt auch ihr diese Liebe, dann werdet ihr gerettet.

Die Schönheit sollte man suchen, nicht die äußere, sondern die innere Schönheit. Befassten sich die Menschen mit ihrer eigenen inneren Verschönerung so intensiv, wie sie es mit der äußeren tun, dann würden sie Wunder vollbringen. Alles, was äußerlich getan wird, hält leider nicht lange an; kurz danach muss man wieder von vorne anfangen. Innere Fortschritte gehen vielleicht langsam vor sich, ihr könnt euch aber völlig auf ihre Dauerhaftigkeit verlassen. Eurer Schönheit solltet ihr euch deshalb wenigstens ein paar Augenblicke täglich widmen. Einen Kosmetiksalon braucht selbstverständlich jeder: Es gibt natürlich Institute verschiedener Art! Morgens beim Sonnenaufgang, zum Beispiel – das ist solch ein Schönheitssalon! Bei der Betrachtung der aufgehenden Sonne wandelt sich etwas in eurem ätherischen Leib, eurem Astral- und Mentalkörper. Die gesamte Natur, die Seen, die Wälder können auch als Kosmetiksalons dienen. Aber der wertvollste liegt in euch selber. Den solltet ihr betreten und euch an die Arbeit machen. Jeden Tag habt ihr die Möglichkeit, bestimmten inneren Mängeln abzuhelfen, indem ihr die Regenbogenfarben anzuwenden lernt.

Bei demjenigen, der diesen inneren Kosmetiksalon besucht, verschönert sich nicht nur sein Gesicht, sondern auch sein gesamter Körper. Ich würde euch sogar raten, euch nicht mehr mit eurem jetzigen Körper auseinander zu setzen, sondern nach der Gestaltung eines völlig neuartigen Körpers zu streben, eben nach dem Körper des Lichtes, der Herrlichkeit, von dem in der Heiligen Schrift die Rede ist. Jeder Eingeweihte befasst sich mit der Gestaltung dieses Körpers. Zu diesem bestimmten Zweck sind die subtilsten, lautersten, göttlichsten Partikeln seines Wesens erforderlich. Mit jedem erhabenen Augenblick voll Poesie, Anbetung und Aufopferung gewinnt er an bestimmten Substanzen, die ihm bei der Gestaltung dieses Körpers helfen, als ob er eine Statue modelliere. Er weiß genau Bescheid, dass er eines Tages seinen physischen Körper verlassen wird, denn dieser ist sterblich und kann nicht in die entlegensten Regionen des Weltalls gelangen. Darum arbeitet er am Körper der Herrlichkeit. All diese Materialien, die er während der Meditation, der Kontemplation, den tiefsten Ekstasen herangeholt hat, dienen ihm zur Gestaltung dieses Körpers. Der Körper der Herrlichkeit vermag von solcher Kraft und Ausstrahlung zu sein, dass er sogar imstande ist, den physischen Körper in die Höhe zu heben und durch den Weltraum zu tragen.

Die Schönheit sollte geliebt und gewünscht werden. Doch die Schönheit allein, die Schönheit, die nicht im Dienste eines erhabenen Zweckes steht, kann die schlimmsten Widerwärtigkeiten nach sich ziehen. Wie viele Männer haben wegen einer bildschönen Frau Selbstmord begangen, weil diese überall Neid und Eifersucht weckte! Die Schönheit sollte im Dienste einer erhabenen Idee stehen, die Menschen zu gesteigerten Leistungen anspornen, sonst wird sie gefährlich, sogar schädlich. Leider wenden die meisten Frauen ihre Schönheit an, um die Erfüllung ihrer eigenen Wünsche zu erzielen: Geld, Ruhm und Vergnügungen. Sie denken überhaupt nicht daran, ihren Mitmenschen Gutes zu tun, sie auf den Weg der Entwicklung, der Veredelung und der Poesie zu locken. Die Schönheit ist ein zweischneidiges Schwert, sie kann sowohl Gutes wie Böses anrichten. Die Frauen und auch die Männer sollten sich also über die Verwendung ihrer Schönheit im Klaren sein und nie dabei vergessen, dass der Himmel über sie wacht. Diesen Schatz hat ihnen der Himmel anvertraut, und er interessiert sich dafür, wie dieses Kapital angelegt wird. Stellt er fest, es dient bloß zur Befriedigung von Grillen und Egoismus, dann wird er eingreifen: Die Schönheit wird verloren gehen und die Strafe nicht ausbleiben.

Was ich euch hiermit über die Schönheit gesagt habe, gilt auch für alle Vorteile, die unser Eigen sind: Besitz, Intelligenz, Ruhm und Kraft. Nie sollten diese ausschließlich dem eigenen Gebrauch vorbehalten sein, sondern man sollte sie in den Dienst einer göttlichen Idee stellen.

# X

## IDEALISIEREN ALS MITTEL ZUM ERSCHAFFEN

Die Menschen sollten füreinander heilige Gedanken hegen, denn solche Gedanken verhelfen allen Brüdern und Schwestern, auf dem Weg der Entwicklung vorwärts zu kommen und sich selber heilig zu halten.

Dieser Begriff steht zwar in Widerspruch zu der allgemeinen Gepflogenheit, lediglich die negativen Seiten der Dinge und Menschen zu sehen. Indem man die Mängel und Schwächen der anderen hervorhebt, gilt man als besonders gescheit. Es gibt aber ein Gesetz, nach dem alles, was man in den anderen sieht, die Widerspiegelung dessen ist, was in einem selbst vorhanden ist. Wer diese kritische Einstellung pflegt, enthüllt die eigenen Unzulänglichkeiten.

Diese Frage will ich heute beiseite lassen. Wenden wir uns lieber den Folgen der von uns vertretenen Einstellung zu, nämlich dem Bemühen, die positiven Seiten der Menschen in den Vordergrund zu stellen. Selbstverständlich werden viele der Meinung sein, man könne durch solche Illusionen in eine Falle geraten und müsse dann teuer dafür bezahlen: Die menschliche Natur ist von Grund auf schlecht – selbst die Religion vertritt diesen Standpunkt – also warum sollte man sich in falschen Hoffnungen wiegen? Meine Antwort lautet: Ihr habt die Frage nicht gut durchdacht; ihr habt euer Augenmerk nur auf das Böse geheftet, dessen Präsenz im Menschen eine unbestrittene Tatsache ist. Aber der Mensch besitzt auch eine Seele, einen Geist. Natürlich kommen diese nicht oft zum Vorschein. Sie sind aber doch vorhanden, also immer fähig, in Erscheinung zu treten, zum Ausdruck zu kommen, wenn ihnen günstige Bedingungen bereitet werden.

Wenn man jedoch ein für alle Mal entscheidet, der Mensch sei von Grund auf schlecht, so kann man nicht die günstigen Voraussetzungen zur Offenbarung seiner göttlichen Natur schaffen. Bildet euch nicht ein, ein Weiser übersehe die negative Seite der Menschen; er sieht sie sogar ganz deutlich, seine Augen sind scharf genug; er sieht aber darüber hinweg, denn er weiß, dass er niemandem helfen kann, wenn er ausschließlich seine Unzulänglichkeiten und Laster in Betracht zieht; durch solch eine Einstellung würde er sie eher verschärfen.

Einem Weisen ist es klar, dass alle Männer und Frauen Söhne und Töchter Gottes sind. An diesem Gedanken hält er fest, wenn er den Menschen gegenübertritt. Was er da tut, ist eine schöpferische Arbeit, denn in jedem, dem er begegnet, bringt er die göttliche Seite an den Tag und fühlt sich selbst dadurch beglückt. Glaubt mir, die beste Weise, mit den anderen umzugehen, ist zu versuchen, ihre guten Eigenschaften, ihre Tugenden, ihre Mannigfaltigkeit wahrzunehmen und sich darauf zu konzentrieren. Zuweilen sind diese Aspekte dermaßen verschleiert, dass der Mensch selber keine Ahnung davon hat. Man sollte sich daran gewöhnen, in die Tiefe eines Wesens hineinzublicken, statt nur seine oberflächlichen, oft irreführenden Manifestationen zu betrachten.

Die Mängel eines Menschen aufzufinden, ist allzu leicht. Aber die Entdeckung bestimmter Tugenden, die sich noch nicht offenbart haben, verlangt ein umfangreiches Wissen. In jedem von euch sind göttliche Eigenschaften, sie warten den günstigen Augenblick ab, um sich zu manifestieren. Damit befasse ich mich eben; ich bin auf der Suche nach jenen Eigenschaften, die in euch noch nicht erwacht sind. Auf diese Art und Weise arbeite ich an euch und an mir selber; ihr solltet dasselbe tun. Deswegen sollte man füreinander heilige Gedanken hegen. Wenn ihr das tut, bleibt ihr nicht mehr an den so unwesentlichen Details haften, sondern ihr schenkt eure Beachtung dem göttlichen Prinzip, das in jedem Menschen wohnt. Ja, warum sollte man nicht heilige Gefühle empfinden für alles, was im Menschen göttlich, unsterblich, ewig ist? Auf diese Weise verrichtet ihr eine wertvolle Arbeit an euch selber und helft auch den anderen. Befasst ihr euch aber ausschließlich mit ihren Mängeln, dann fügt ihr euch selbst Böses zu, denn ihr ernährt euch mit Dreck, und die Entwicklung der anderen wird gleichzeitig verhindert. Welche Ignoranz! Es herrscht die allgemeine Ansicht, man trage zur Besserung der anderen Menschen bei, indem man ihre Fehler heraushebt. Daraus ergibt sich aber genau das Gegenteil.

Die Menschen sind boshaft, grausam oder was ihr wollt, es stimmt schon; das ist aber kein Grund, sein Leben lang nur diese negative Seite zu sehen und darüber zu sprechen. Die Augen solltet ihr schon offen halten, das ist klar, das ist aber nur die Hälfte eurer Aufgabe. Schätzt ihr jemanden stets gering ein und bringt nur eure schlechte Meinung über ihn zum Ausdruck, dann wird er euch gegenüber die positive Seite – die doch in ihm vorhanden ist – verdrängen. Er wird sogar versuchen, euch zu schaden. Zeigt ihr aber deutlich euer Vertrauen in ihn, dann wird er sich bemühen, euch nicht zu enttäuschen. Manchmal sollte man sogar so tun, als habe man von jemandem eine gute Meinung. So ist seine Eigenliebe geschmeichelt; er versucht, sich zu übertreffen, und so könnt ihr ihn bessern. Ja, das ist wahre Pädagogik.

Bildet euch nicht ein, die Menschen könnten gebessert werden, wenn man dauernd ihre Unzulänglichkeiten hervorhebt, sie stets Dummköpfe und Taugenichtse schilt. Sie strengen sich dann nicht mehr an. Wozu solltem sie sich bemühen, wenn ihr doch eine schlechte Meinung von ihnen habt? Am Ende sind sie sogar unfähig, Positives zu leisten, denn ihr habt irgendwie magisch auf sie gewirkt, sie sind wie hypnotisiert, beherrscht, gelähmt.

Leider ist solches Verhalten bei manchen Eltern üblich. Sie glauben, auf diese Weise ihre Kinder zur Besserung zwingen zu können. Von nun an sollten sie sich darüber im Klaren sein, dass jene Methode die allerschlimmste ist. Möchte man bei einem Kind etwas erreichen, dann muss man ihm dauernd Mut einflößen, wie ich es mit euch tue. Zu euch habe ich Vertrauen, also ermutige ich euch, auch wenn ich weiß, dass es in Wirklichkeit nicht so glänzend steht. Auf diese Weise bringe ich euch doch ein Stück vorwärts. Den Menschen gegenüber solltet ihr keine kritisierende Haltung einnehmen, sonst fühlen sie sich gelähmt und dazu gedrängt, es euch eines Tages vergelten zu wollen. Oft ist es besser, die eigene Meinung für sich zu behalten. Das bedeutet keinesfalls, die Augen zu schließen und nicht zu bemerken, dass einer dabei ist, euch auszuplündern oder euer Verderben zu planen. Der Sache sollte man nicht zu viel Gewicht beilegen und sich sagen: »Der Arme, so steht es mit ihm! Er hat keine Zeit gehabt, sich zu entwickeln; ich will mich auf seinen Geist konzentrieren, auf die Gottheit, die in ihm wohnt, dann wird doch eines Tages in ihm eine Wandlung eintreten.« Das ist jedenfalls die Arbeit, die ein Meister an seinen Schülern ausführt, so wird ihre Entwicklung beschleunigt. Auch ihr solltet euch dieser Arbeit widmen; es ist höchste Zeit, zu geistiger Aktivität zu erwachen.

Jener Aktivität sollten sich die Eltern hingeben, während ihr Kind noch ganz klein ist; das werde ich nie nachdrücklich genug betonen können. Sie sollten an alle guten Eigenschaften und Tugenden denken, die tief in der Seele, in dem Geist dieses Kindes liegen. Statt über seine Mängel zu jammern, statt ihm ein paar Ohrfeigen oder Klapse zu geben, damit es lernen soll, von gewissen Dummheiten abzulassen, sollten sie sich auf den göttlichen Funken konzentrieren, der in ihrem Kinde verborgen ist. Haben die Eltern es verstanden, diesen Funken wach zu halten, dann wird das Kind später Wunder wirken. Sogar wenn es schläft, können sie an seinem Bett stehen, es leicht und zart liebkosen – ohne es zu wecken – alle guten Eigenschaften erwähnen, die später in ihm zum Vorschein kommen sollen. So wird das Unterbewusstsein des Kindes durch kostbare Elemente geprägt. Werden diese von ihm Jahre später entdeckt, so wird es vor zahlreichen Irrtümern und Gefahren geschützt sein.

Seid ihr einem Menschen nicht zugetan, weil er euch betrogen oder geschädigt hat, dann wird es offensichtlich schwierig sein, den göttlichen Funken in ihm zu berücksichtigen. Liebt ihr hingegen diesen Menschen, dann wird es euch nicht schwer fallen, ihr braucht euch nicht dazu zu zwingen; die Frage stellt sich nur, wenn ihr ihn nicht liebt. Eine bestimmte Arbeitsmethode ist also unerlässlich. Mit vollem Bewusstsein werdet ihr sie anwenden, denn ihr seid über deren günstige Ergebnisse durchaus orientiert. Zu solchem Zweck sollte man sich nicht ausschließlich Gefühlen und Emotionen hingeben, sondern von der Vernunft Gebrauch machen, sich beherrschen und Folgendes wissen: Bleibt ihr ununterbrochen bei den Fehlern eines Menschen stehen, dann passt ihr euch ihm an und werdet euch sogar dieselben Fehler zuziehen, bis zu dem Tag, an dem ihr ihn an Ungerechtigkeit, Unehrlichkeit oder Laster sogar noch überflügelt. Ihr habt ihn kritisiert, und jetzt seid ihr noch schlimmer dran! Der Jugend sage ich das immer wieder: Statt eure Eltern zu lieben und zu respektieren, habt ihr dauernd etwas auszusetzen; gebt aber Acht! Später werdet ihr vielleicht noch viel

Schlimmeres tun; es ist noch zu früh, um sie zu kritisieren. Ihr solltet nur beweisen, wie ihr sie an Güte, Intelligenz, Lauterkeit übertrefft, das ist alles. Kritisieren solltet ihr aber nicht, sonst weckt und zieht ihr in euch dieselben Mängel an.

Ich weiß schon, dass meine Worte euch noch nicht überzeugen können. In Zukunft werden alle lernen, diese Gedankenarbeit auszuführen, und sie werden ihre Eltern, ihre Freunde, alle ihnen entgegenkommenden Menschen durch ihre Gedanken in den Bereich des Lichtes erheben. An Geringschätzung und Beschmutzung werden sie keine Freude mehr haben, im Gegenteil. Ihr Denken wird einzig und allein auf die höhere göttliche Natur ausgerichtet und dadurch beglückt sein.

Redet ihr übrigens über die guten Eigenschaften eines Menschen – so übertrieben es auch klingen mag – so übertreibt ihr eigentlich nicht. Es kommt darauf an, von welchem Teil des Menschen die Rede ist. Sprecht ihr von ihm, dann betrifft es ihn oft nicht in seiner Ganzheit, sondern seine Eingeweide, seine Geschlechtsorgane, seinen Bauch, seine Füße. Er selbst ist in Wirklichkeit eine Gottheit. In der Heiligen Schrift heißt es: *»Ihr seid Götter«* (Ps 82, 6 und Jh 10, 34). Warum treten diese Götter denn nicht auf? Sie sind irgendwo unter Dreckschichten vergraben. Ihr könnt sie nicht entdecken, sie sind aber da; diese Götter sollte man eben heraufbeschwören.

Nehmen wir jetzt den Fall, wie sich die Männer und Frauen gegenseitig sehen. Was mich angeht, so habe ich mich schon sehr jung daran gewöhnt, die Frauen als eine Verkörperung der Göttlichen Mutter zu betrachten. Mir entging aber nicht, dass die meisten Frauen sich nicht besonders göttlich verhalten; ich wusste aber auch, dass bei meiner Einstellung viel zu gewinnen war. Die Frau habe ich mir absichtlich schön vorgestellt, zart, liebevoll, treu und beständig (sie ist es nicht immer, aber was soll's!), denn es trug zu meiner Entfaltung bei. Manche werden sagen, ich sei naiv und täusche mich. Ich weiß schon, dass es eine Täuschung ist. Aber indem ich mich der Täuschung hingebe, finde ich die Wahrheit, die wirkliche Wahrheit! Denn so steht die Frau in Wirklichkeit oben: als etwas Herrliches! Unten, na ja... stimmt es nicht ganz! Und das gilt auch für die Männer.

Das Schlimme dabei ist, dass die Menschen stets dazu neigen, einander in der Gosse kennen zu lernen, statt auf den Gipfeln; dort oben ist alles ganz anders. Keiner will mich verstehen und den Wert eines solchen Verfahrens anerkennen. So geht die Inspiration verloren, man wird prosaisch. »Man soll realistisch sein«, wird gesagt, »Männer und Frauen zu idealisieren, ist Unsinn!« Ja, vielleicht ist es dumm, es ist aber schön, während ihre Realität mies ist; und in dieser Realität vernichten sie, ohne es zu wissen, ihre Seele, ihren Geist, sie zerstören die Wurzeln ihrer Seele.

Vielleicht wird jemand einwenden: »Was Sie da verlangen, ist aber gefährlich! Was wird denn der Mann tun, der die Frau idealisiert, wenn er sieht – denn er wird es klar erkennen müssen –, dass keine Frau seiner Fantasie entspricht? Er wird bitter enttäuscht sein.« Ja, es stimmt schon. Versteht er nicht, warum und wie er diesen Idealisierungsprozess durchführen soll, dann wird er freilich enttäuscht sein und aus allen Wolken fallen. In Wirklichkeit ist der Idealisierungsprozess eine magische Arbeit, die ihn keineswegs daran hindert, sich darüber klar zu sein, was er von den idealisierten Menschen zu halten hat. Wenn ich kundtue, dass ich die Frauen absichtlich als Gottheiten betrachte, weiß ich genau Bescheid, ob es in Wirklichkeit stimmt oder nicht; warum sollte ich mich täuschen? Ich tue es trotzdem, denn ich weiß, dass all meine Energien auf diese Weise nach oben zum Gipfel hin zielen. Dann wird alles schön und ausdrucksvoll; jede Frau, die mir entgegenkommt, wird für mich zu einer Quelle von Segen, Eingebung und Offenbarung. Ich bin weder Maler noch Bildhauer, weder Dichter noch Musiker und dennoch erlebe ich die Pracht der Farben, der Formen, der Töne, ich bin bezaubert. Wenn mich jemand fragt: »Wovon fühlen Sie sich so angezogen? Würden Sie nur die Laster dieser Geschöpfe kennen, die Sie so beglücken!« Dann antworte ich, dass ich nichts davon wissen will. Wenn sie sich Lastern hingeben, ist das ihre Sache; mir ist die Freude vergönnt. Eine Stadt bietet zahlreiche Sehenswürdigkeiten. Gossen gibt es aber auch. Warum sollten sie besichtigt werden? Haltet euch bei den Denkmälern auf, besteigt symbolisch gesprochen den Eiffelturm! Von dort oben könnt ihr wenigstens ein herrliches Panorama genießen.

Wirkt sich diese Tendenz zur Idealisierung bei gewissen Menschen katastrophal aus, kommt es daher, dass sie den Idealisierungsprozess schlecht durchgeführt haben. Sie sind davon abgewichen und in die Realität hinuntergestiegen. Wären sie nicht heruntergekommen, hätten sie sich dem idealisierten Wesen nicht zu sehr nähern wollen, dann hätten diese Freude, dieses Glück sie weiterhin beseligt. Für den Unerfahrenen bedeutet eben die Idealisierung höchste Gefahr. Vor ihm lauert der Abgrund. Für den Eingeweihten aber wird sie zur Quelle der höchsten Segnungen.

Die Idealisierung ist eine magische Arbeit; sie stellt die beste Entwicklungsmöglichkeit dar, vorausgesetzt, dass man immer weiter auf derselben Richtung beharrt, nicht eines Tages die unmittelbare Nähe genießen und kosten möchte usw., sonst wird es sich genauso abspielen wie bei den Kindern, die einen Wecker auseinander nehmen, um sich das Uhrwerk anzuschauen: Dann geht der

Wecker nicht mehr. Leider ist es eben das, was die meisten Menschen mit der Kreatur des Herrn tun, sie wollen sehen, was drinnen ist. Drinnen ist doch das Eingeweide, der Darm. Warum wollen sie das unbedingt sehen?

Männer und Frauen sollte man schon idealisieren, aber nicht von dieser Idealisierung abweichen. Nur unter dieser Bedingung seid ihr geschützt. Verlasst ihr diese sichere Festung, dann ist es aus, überall lauert Enttäuschung. Und die anderen werden nicht versäumen, euch zu sagen: »Na, ihr seid ja gewarnt worden!" Ihr werdet dann zugeben müssen, dass sie Recht haben. In Wirklichkeit aber stimmt es nicht. Recht haben sie nur, weil ihr selbst schwach und unwissend seid. Zeigt ihr euch stark und erleuchtet, dann werdet ihr ewig Recht haben.

Um nun das Thema vollständig zu behandeln, kann ich noch diese Idealisierungsübung hinzufügen, die ihr auch für euch selbst machen könnt. Seid ihr euch eurer Mängel und Fehler bewusst, dann könnt ihr euch einbilden, ihr hättet die Vollkommenheit erlangt, und es fehlte euch an keinen guten Eigenschaften, an keinen Fertigkeiten. Das ist wieder eine magische Arbeit, die euch ermöglicht, die eigene Entwicklung zu beschleunigen. Solange ihr nur die Vorstellung eures jetzigen Zustandes vor Augen habt, werdet ihr auf den niederen Stufen der Entwicklung zurückgehalten, denn dieses mittelmäßige, prosaische Bild, das ihr von euch selbst habt, wirkt auf euch ein und versperrt euch den Weg. Habt ihr hingegen ein erhabenes Bild vor Augen, auf welches ihr euch konzentrieren könnt, dann wird dieses Bild auf euch wirken, indem es Vibrationen erzeugt, neuen Elan auslöst, denn ihr werdet euch darum bemühen, dieses idealisierte Bild von euch zu erreichen und zu verwirklichen. Auf diese Weise macht ihr Fortschritte. Sonst werdet ihr stagnieren und nie die wirkliche Realität kennen.

Ihr werdet fragen: »Aber was für eine Realität? Was ich bin, das ist doch die Realität!« Nein, diese Realität ist noch nicht die wirkliche Realität, sie ist eine Täuschung. Was ideal, göttlich ist, das ist die einzige Realität. Das Übrige, das als Realität bezeichnet wird, ist ein Betrug, eine Lüge. Die Realität kann erst erkannt werden, wenn man alle Wesen – sich selbst mit einbezogen – idealisiert, göttlich verehrt. Das entspricht genau dem, was die Inder mit dem Wort Jnani-Yoga bezeichnen. Jnani-Yoga ist nichts anderes als ein Idealisierungsprozess. Der Schüler ist auf der Suche nach sich selbst, weil er mit Gott auf dem Gipfel stehen und sagen möchte: »Ich bin Er« oder wie es Jesus formulierte: *»Ich und mein Vater sind eins.«*

Die wirkliche Idealisierung ist das Zurückfinden zu der Realität, die irgendwo anders – aber nicht hier – unser Eigen ist. Wir sollten ein Bild von uns ins Leben rufen, eine Vorstellung, die die totale Vollkommenheit umfasst und ernährt; dieses Bild sollten wir verstärken; so wird es uns allmählich gestalten, modellieren, in uns eindringen: Aus uns wird ein neues Wesen, besser als das frühere.

Ist es einem Menschen endlich gelungen, jenes göttliche Bild seiner selbst zu formen, dann übt dieses – wohin er auch gehen mag – eine wohltuende Wirkung aus auf jede Kreatur, auf die Tiere, Pflanzen und Steine, auf die gesamte Natur, denn es gehen von ihm Strahlen, Kräfte, Vibrationen aus, die sich günstig auswirken und überall Ordnung, Ausgeglichenheit und Harmonie mit sich bringen.

Wie viele Menschen möchten geliebt werden und versuchen, dies mit allen Mitteln zu erreichen. Doch all ihr Tun ist oberflächlich, aufs Äußere bedacht. Nie ist ihnen der Gedanke gekommen, dass nur eine Wandlung die notwendige Voraussetzung zum Geliebtwerden sein kann. Ja, die eigenen Schwingungen sollten sich ändern, sollten mehr Sanftmut, Friedlichkeit und Harmonie ausstrahlen; erst wenn man ein göttliches Idealbild in sich trägt, wird dies möglich sein.

Genauso wie die Idealisierung der anderen eine Gefahr in sich birgt – vergesst dabei nicht, dass es sich bloß um eine Übung handelt – so steckt dieselbe Gefahr in der Idealisierung des

»Ich« – falls dieser Prozess zu der Überzeugung führen sollte, ihr wäret schon die leibhaftige Vollkommenheit. In dem Fall wäre dieses Sichaufspielen so lächerlich, dass euch die anderen überhaupt nicht mehr ertragen könnten. Ihr solltet an eurem himmlischen, göttlichen Bild oben weiterarbeiten, aber ohne euch einzubilden, ihr wäret schon hier unten auf Erden eine Gottheit. Sonst müsst ihr darauf gefasst sein, dass die anderen sagen: »Der glaubt, schon vollkommen zu sein und ist doch bloß ein Idiot!« Und sie werden wohl Recht haben.

Also, wie großartig eure innere Arbeit auch sein mag, benehmt euch weiterhin anspruchslos den anderen gegenüber. Stellt euch vor, ihr wäret schön, lichtvoll, strahlend, ihr erfülltet Gottes Willen, ihr schwebtet im Lichte, ihr hättet es erreicht, zu eurem wahren Selbst zurückzufinden, genau wie ihr einst in der Nähe Gottes wart und wie ihr wieder in der Zukunft sein werdet: vollkommen. Gebt aber Acht und seid euch dessen bewusst, dass es hier auf der physischen Ebene noch nicht so ist.

All die Pracht und Herrlichkeit, die gesamten Schätze, die uns dort oben gehören, sollten wir heranholen und auf der materiellen Ebene konkretisieren, damit sich der Himmel auf Erde widerspiegele. Den Himmel, also alles, was man sich schön und vollkommen vorstellen kann, sollte man auf die Erde herabholen, d. h. in unseren physischen Körper. Es ist unsere Aufgabe, alle Partikeln unseres physischen Körpers durch andere unzerstörbare, kristallklare, unsterbliche zu ersetzen. Das ist eine erhabene glorreiche Arbeit, die fast niemand begreift und noch weniger verrichtet; jedoch ist sie die einzige, die zu verwirklichen es sich lohnt.

# XI

# DAS LEBENDIGE MEISTERWERK

Alles im Leben hängt von dem Ziel ab, das sich der Mensch gesetzt hat, mit einem Wort: von dem angestrebten Ideal. Dieses Ideal bleibt nicht ohne Folgen, es beeinflusst den Menschen, ruft Wirkungen hervor. Durch dieses Ideal wird alles gereinigt, geordnet, gestaltet und harmonisiert. Nach diesem Ideal gestaltet und formt sich das menschliche Leben. Ist das Ideal nicht erhaben, nicht edel, sondern prosaisch und materiell, dann wird auch alles, was dieser Mensch tut, fühlt und denkt, jenem Ideal entsprechen. Er sollte sich deshalb nicht wundern, wenn ihm etwas fehlt und er nicht glücklich ist.

Fragt nicht danach, ob dieses Ideal erreichbar ist oder nicht, das ist belanglos. Eure einzige Sorge sollte es sein, aus diesem Ideal etwas Vollkommenes, Erhabenes, Göttliches zu machen. Wie viel Zeit dazu notwendig ist, spielt keine Rolle.

Das hohe Ideal ist ein wirkliches, lebendiges, mächtiges Wesen. Es ist in der Lage, uns in aller Ewigkeit mit Speise und Trank zu versorgen. Diese Wahrheit haben die Menschen nie begreifen wollen, so verzichten sie unaufhörlich auf das Beste, was es überhaupt gibt. Immer ziehen sie ein nahes, leicht erreichbares, materielles Ziel vor, und bald steht die Leere vor der Tür. Einem Ideal wohnt eine magische Eigenschaft inne; da dieses Ideal mit uns in Verbindung steht, bringt es uns ständig wohltuende Partikeln mit, erquickliche Strömungen aus der ihm eigenen Region. Dieses Ideal haben wir selbst gestaltet, wir lassen es nicht aus unseren Gedanken, wir lieben es; daher ist es immer da, bereit, uns an seiner Fülle und Reichhaltigkeit Teil haben zu lassen. Eines Tages werden in unserem Leben die neuen Verhältnisse vorhanden sein, die dieses Ideal für uns geschaffen hat. Geschehen wird es aber erst, wenn wir dieses Ideal lieben, wenn wir es in der Tiefe unseres Herzens, unserer Seele hegen und pflegen. Seine Unermesslichkeit, die Entfernung, die uns von ihm trennt, spielen dabei keine Rolle. In der Verbindung mit ihm liegt die größte Weisheit, die tiefste Wahrheit.

Von nun an solltet ihr lernen, euch zu überwinden, zu übertreffen, alles zu meistern, damit dieses Ideal Wirklichkeit wird. Folgendes sollte sich jeder merken: Ein Ideal ist ein Wesen, das schon in der göttlichen Welt lebt. Da wir mit ihm verbunden sind, sorgt es dafür, dass wir aus aller Verwicklung, allem Unglück und Elend herauskommen. Aber wo bleiben eben dieser Glaube, dieses Wissen, dieser Wille, die fähig wären, solch ein Ideal zu formen?

Wer diese grundlegenden Wahrheiten nicht kennt, arbeitet mit bröckeligen Materialien, unter ungewissen Umständen. Er leidet und klagt; wer ist aber daran schuld? Sein Ziel war nicht sehr hoch gesetzt. Er hat sich stets mit Lappalien zufrieden gegeben und über deren mittelmäßige Beschaffenheit nichts gewusst. Denn auch hier spielt das Affinitätsgesetz mit: Ein mittelmäßiges Ideal zieht zwangsläufig die trübsten, labilsten Elemente an. Die notwendigen Materialien zur Gestaltung aller Organe eures Körpers und Gehirns solltet ihr euch von oben heranholen, aus der höchsten und unendlichen Weite des Himmels, aus der Grenzenlosigkeit des Lichtes, aus der geistigen Tiefe eures Wesens; erst wenn ihr euch für das höchste Ideal entscheidet, wird so etwas möglich sein. Die Menschen glauben, sie hätten ihr Ideal in die Tat umgesetzt, sobald sie den gewählten Beruf oder die gewünschte Tätigkeit ausüben können. Warum klagen sie dann, warum spüren sie in sich eine Leere, als fehlte ihnen etwas? Das ist nicht logisch, da sie das Erwünschte doch schon erreicht haben. Solange sie kein wirklich erhabenes Ideal haben, wird ihnen immer etwas fehlen, denn es ist einzig und allein das hohe Ideal, das jedes Vakuum im Menschen auszufüllen vermag; es dringt überall ein und bringt Fülle. Damit meine ich nicht, ihr solltet keinen Beruf ausüben, weder Wissenschaftler noch Künstler sein, nein. Aber auf solchen Gebieten werdet ihr weder Unsterblichkeit erlangen noch Ewigkeit und Fülle erleben können. Es ist schon richtig, eine Arbeit, eine Tätigkeit im Leben zu haben; man sollte sich aber nicht darauf beschränken, sich nicht mit der Vorstellung täuschen, dass Glück, Licht, Kenntnis, Macht, vollkommene Selbstentfaltung dort zu finden wären. Es ist unmöglich, Gott hat sie nicht auf dieser Ebene vorgesehen; bestimmte Möglichkeiten schon, aber keine vollkommene Entfaltung für unsere Seele, für unseren Geist. Um zur Fülle zu gelangen, ist etwas Höheres erforderlich.

Die beste Lösung ist also folgende: Verschafft euch alles Notwendige im Leben; aber nicht darauf solltet ihr euer Ideal aufbauen. Stellt es hoch, sogar in unerreichbare Höhe. Dann habt ihr das Richtige getroffen. Ihr wisst, dass ihr dieses Ideal unmöglich verwirklichen könnt, auch nicht in Tausenden von Jahren. Aber ihr liebt es, es steht da vor euren Augen, ihr seid mit ihm eins, ihr sprecht zu ihm. Diesem Ideal verdankt ihr euer Gleichgewicht, es gewährt euch himmlische Freude, es wandelt das Böse in Gutes um; eines Tages wird es euch dazu verhelfen, eine Gottheit zu werden.

Die größte Weisheit, das tiefste magische Geheimnis besteht darin, im Voraus zu wissen, dass euer hohes Ideal nie in die Tat umgesetzt werden kann. Bewahrt es aber stets lebendig in euch, dann wird es schon zum Vorschein kommen, denn aus euch selbst wird immer mehr Klarheit, Lauterkeit und Licht hervorbrechen. Euer Ideal bleibt weiterhin unausführbar. Ich würde beinahe sagen, seine Verwirklichung sei fast überflüssig, da ihr euch auch so Tag für Tag an seinen Schätzen bereichert. In welcher Form? In allerlei Formen. Es kommt euch vielleicht sogar absurd vor, aber eben durch solche Absurdität wird viel gewonnen! Wer das nicht begreift, wird das Wesentliche nie erreichen.

Viele werden einwenden: »Ja, schon, aber mich selbst kenne ich durchaus. Ich bin so schwach, so unwissend, ich werde es nie schaffen!« Und dabei bleibt es, weil man nichts verstanden hat. Der Mensch hat den Glauben an die Gottheit verloren; er weiß nicht mehr, dass er ein Sohn Gottes ist; er hat vergessen, dass ein göttlicher Funke tief in ihm vergraben liegt, dieser göttliche Funke, den er um jeden Preis zum Sprühen bringen sollte. Von nun an solltet ihr auf diese Philosophie eingehen, sie vertiefen; uns wird gelehrt, dass wir alle Erben unseres Himmlischen Vaters sind. Es hängt nur von uns ab, über Sein ganzes Wissen, Seine ganze Liebe, Seine gesamte Herrlichkeit und Macht zu verfügen. So kommt man an das höchste Ideal heran. Nach dem Vorbild des Herrn wird unser Wesen gestaltet, nicht nach dem der Schwäche, der Krankheit, des Todes; unser Wesen wird nach einem wirklich göttlichen Ideal modelliert; dieses Ideal weilt im Himmel; von dort oben lächelt es uns zu, schützt und tröstet uns, übermittelt uns, was uns fehlt. Bleibt diesem Ideal treu, was auch geschehen mag.

Steigt ein Taucher ins Meer hinab, um eine Arbeit auszuführen, dann bleibt er durch Kabel und Schläuche mit dem Schiff in Verbindung; er wird ununterbrochen überwacht. Sollte er in Gefahr geraten, dann gibt er ein Zeichen; er wird sofort hinaufgebracht oder ihm wird irgendwie geholfen. Die meisten Menschen gleichen im Meere verirrten Tauchern, denen niemand zu Hilfe kommt. Sie sind mit keinem Ideal verbunden, allein und verlassen sind sie den ärgsten Gefahren ausgesetzt. Diejenigen, die einem hohen Ideal nachstreben, können hingegen nach Belieben untertauchen, aus dem Wasser herauskommen, ein- und ausatmen, wieder ins Wasser hineingehen. Es gibt keine Gefahr, denn sie werden von ihrem Ideal überwacht, unterstützt und dazu mit noch unbekannten Partikeln versorgt. Solche Menschen sind Kinder Gottes. Die Atmosphäre, die sie einatmen, ist von lauterer Beschaffenheit.

Ein anderer Vergleich: Das hohe Ideal ist wie ein elektrischer Transformator, der die Stromspannung umwandelt. Wellen und Wirbel von ungeheurer Kraft durchziehen ununterbrochen die ätherische Atmosphäre, in welcher wir leben. Bei bestimmten Menschen bewirken sie psychische, sogar physische Störungen. Das wirksamste Mittel, um sich vor diesen Strömungen zu schützen, ist das hohe Ideal, das als Transformator dient, denn es ist fähig, die Intensität jener Ströme zu vermindern, bis sie für den Menschen erträglich werden. Wie viele wünschen, einem solchen Ideal nachzustreben?

Ihr könnt euch nicht vorstellen, welche Wunder das hohe Ideal in euch zu bewirken vermag. Es gleicht einem Bildhauer, der euch gestaltet und modelliert. Da liegt die höchste Stufe der Kunst: sich selbst zu malen, zu gestalten, zu modellieren, sein eigenes Buch zu schreiben. Ich liebe die Künstler; die Kunst ist eine Tür, die in den Himmel hineinführt, ein Weg auf die Gottheit zu. Trotzdem bin ich der Ansicht, dass es noch höhere Stufen in der Kunst gibt. Die Schönheit wird ja von den Künstlern geschaffen; es ist aber eine Schönheit, die außerhalb ihres Wesens liegt, denn sie verarbeiten und verwandeln nicht ihre eigene Materie.

Eines Tages suchte mich ein junger Bildhauer auf. Er war so stolz, Bildhauer zu sein. Sein Benehmen war arrogant. Er hatte an allem etwas auszusetzen. Ich begann mit ihm zu reden: »Sie sind also Bildhauer? -Ja – Aha, aha! Folglich kennen Sie alle Gesetze der Bildhauerkunst? – Jawohl! – Es ist alles schön und gut, ich glaube es aber nicht! – Wieso? Ich habe Werke geschaffen. – Es mag sein. Schaue ich mir aber Ihr verformtes Gesicht an (das Wort »Visage« habe ich natürlich nicht verwendet), dann muss ich daraus folgern, dass die Gesetze der wirklichen Bildhauerkunst Ihnen völlig unbekannt sind; wüssten Sie darüber Bescheid, dann hätten Sie sie zuerst an sich selbst angewandt. Mir werden Sie nicht einreden, dass Sie Bildhauer sind. Nichts in Ihrem ganzen Wesen weist darauf hin.« Natürlich war er erstaunt und begann, nachzugeben.

Ja! Der Maler, der sich nie um die Farben seiner Aura kümmert, ist in Wirklichkeit keiner. Der Musiker, der nie daran gedacht hat, seinen Intellekt, sein Herz und seinen Willen in Einklang zu bringen, hat von der Harmonie keine Ahnung. Man muss verstehen, was wirklich Kunst ist. Gibt es etwas Schöneres, als ein Künstler zu sein in dem Bereich der Gedanken und Gefühle, in der Gestik, in den Worten und Blicken, die uns eigen sind? Jeden Tag findet dann eine Ausstellung vor den Engeln statt. Ohne Unterlass betrachten sie uns. Warum richten denn so viele Künstler ihr Wesen, ihre Gesundheit zugrunde, um auf der Bühne herumzustolzieren und von Idioten Applaus zu erhalten, während jeder von ihnen Tag für Tag die gesamte Engelsschar mit der Vorführung der eigenen Werke erfreuen könnte?

Wer in seinem Inneren zielbewusst arbeitet, mit aller Genauigkeit, Klarheit und Präzision die schönsten Farben und die prächtigsten Formen anwendet, der wird nicht klagen, dass er weder geschätzt noch anerkannt ist, denn er weiß genau, dass die verrichtete Arbeit an sich selbst unverkennbar ist. Er verliert nicht den Mut, er zweifelt nicht an sich. Ihr werdet einwenden: »Ja, schon! Aber von seinen Werken bekommt man nichts zu sehen.« Momentan ist es vielleicht wahr, aber – das habe ich schon gesagt – in der unsichtbaren Welt gibt es andere Wesen, die sich die Ausstellung genau anschauen und ihre Meinung äußern, dann »kaufen« sie... und so wird der Mensch dort oben als ein berühmter Künstler angesehen! Beschließen diese Wesenheiten eines Tages, ihm irdischen Ruhm zu vergönnen, dann ist es für sie kein Problem. Er selber sollte aber nicht nach diesem irdischen Ruhm streben; er sollte sich darum bemühen, einzig und allein die unsichtbare Welt zufrieden zu stellen und jeden Tag sagen: »Nun, was haltet ihr heute von meiner Leistung?«

In der Zukunft wird der Künstler nicht nach seinem Werk, seinen Gemälden oder seinen Skulpturen gewürdigt; jeder wird verlangen, mit ihm selber bekannt zu werden; um sich durch die Poesie, die Musik bezaubern zu lassen, die aus seinem ganzen Wesen, aus seinem Leben selbst herausströmen. Dann wird sich jeder ein Leben voll Poesie wünschen, er wird sich bemühen, die Musik durch seine eigene Gestik, seine eigenen Gedanken und Gefühle zum Ausdruck zu bringen. Jeder wird danach streben, das eigene Gesicht zu zeichnen, den eigenen Körper nach dem Ebenbild Gottes zu gestalten. Für diesen Gestaltungsprozess ist sicher eine bestimmte Zeit erforderlich, aber die Frage der Zeit sollte euch nicht zum Stocken bringen. Kunstwerke, die der Mensch außerhalb seiner selbst gestaltet, sind kein Teil von ihm. Sie sind etwas rein Materielles, nicht von innen heraus geschaffen; eines Tages werden sie von der Bildfläche verschwinden. Kommt der Künstler selber wieder auf die Erde, dann muss er mit seinem Werk von vorne anfangen. Ein wirklicher Maler, ein wirklicher Bildhauer, ein wirklicher Dichter, der an sich selbst arbeitet, wird nie von seinen Werken getrennt sein. Er wird sie mit ins Jenseits nehmen und sie in der nächsten Inkarnation wieder mitbringen. Die Arbeit, die an sich selbst getan wird, dauert bis in alle Ewigkeit.

Es ist zwar nicht zu leugnen, dass die Künstler unsterbliche Kunstwerke hinterlassen haben. Sie inspirieren die gesamte Menschheit und bringen sie ein Stück weiter auf dem Weg der Entwicklung. Aber nach der Esoterik, nach der kosmischen

Intelligenz, die mir den Zweck der Schöpfung offenbart hat, sollte man hier keine Wurzeln schlagen, denn es liegen in der Kunst noch höhere Stufen vor. Die Kathedralen, die Symphonien, die Skulpturen bewundere ich schon; das höchste Ideal besteht aber darin, diese ganze Pracht in sich selber zu realisieren; jeder sollte selbst Gemälde, Skulptur, Poesie, Musik, Tanz sein. Ihr werdet einwenden, niemand werde von solchen Kunstwerken profitieren. Das ist eben eine Täuschung. Die wirklichen Meister der Menschheit gestalteten sich selber, schrieben ihr eigenes Buch. Durch ihre Präsenz allein wurde die ganze Welt erschüttert, denn durch sie hindurch wurden alle Farben, alle Formen, die gesamte Dichtung und Musik der Welt wahrnehmbar. Ein Wesen, das sich selbst gestaltet und sein eigenes Buch schreibt, trägt viel mehr zum Wohl der Menschheit bei als alle Bibliotheken, Museen und Kunstwerke zusammen, denn diese sind leblos, er selber ist aber lebendig.

Der Künstler par excellence ist derjenige, dessen eigener Leib als Gestaltungsmittel, dessen Gesicht und Körper als Leinwand, dessen Gedanken und Gefühle als Wachs zum Modellieren dienen. Die Schönheit und Harmonie der gesamten Schöpfung sollen durch ihn hindurch zum Vorschein kommen. Ein derartiger Künstler setzt sich auseinander mit der Erschaffung der neuen Kunst, die die zukünftige Kultur bringt.

Die Schönheit ist eine lebendige Sache; ihre Quelle liegt tief im Menschen vergraben. Sie sprudelt hervor, dringt bis zur Oberfläche des Körpers, überflutet die Haut, den Blick, das Lächeln und sogar die Stimme des Menschen. Lichtvolle Gedanken, selbstlose Liebesgefühle sind die notwendige Voraussetzung für die Erschaffung der Schönheit. Hat der Mensch es bis dahin gebracht, dann strömt unwiderstehlich der zarte Duft der aufgehenden Blumen aus ihm heraus, der feine Geruch der reifenden Früchte, die in dem Hain seiner Seele heranwachsen.

# XII

# DER AUFBAU DES TEMPELS

Jesus hat gesagt: *»Ihr seid der Tempel des lebendigen Gottes.«* Hat es ein Mensch fertig gebracht, seinen Willen zu stärken, sein Herz zu läutern, seinen Intellekt aufzuklären, seine Seele zu erweitern und seinen Geist heilig zu halten, so wird er zu einem wirklichen Tempel; sein physischer Körper selbst ist ein Tempel; dann darf der Mensch den Herrn herbeirufen, damit Er sich in ihm niederlasse.

Es bestehen unzählige Tempel auf der ganzen Welt; sie alle haben ihre Daseinsberechtigung. Solange die Menschen nicht entwickelt genug sind, um die Grundwahrheiten zu begreifen, ist es nötig, ihnen die Religion unter einem materiellen, greifbaren Aspekt zu verdeutlichen. Sind die Menschen eines Tages endlich in der Lage, sich zu entfalten, gewisse spirituelle Zentren – die Chakras der indischen Philosophie – in sich selbst wachzurufen, dann wird ihr Einsichtsvermögen erweitert und gesteigert. Ihre Abhängigkeit von äußeren Formen lässt allmählich nach, denn jene Formen sind nicht so lebendig, nicht so intensiv und eindrucksvoll wie ihre inneren Erlebnisse.

Kirchen und Tempel sind zwar durch ein heiliges Element geprägt, das auf der Inbrunst der Gläubigen beruht. Sie haben diese Tempel und Kirchen gebaut; seit Jahrhunderten haben sie dort gebetet. Aber auch die schönsten Basiliken, die großartigsten Kathedralen können nicht heranreichen an den geläuterten, heilig gehaltenen Körper eines Menschen, wenn dieser Körper zu einem wirklichen Tempel geworden ist. Erst wenn der Mensch selbst ein Tempel ist und in seinem eigenen Tempel betet, erhört ihn der Herr und gewährt ihm seine Bitte.

Leider kümmern sich die meisten Menschen nicht um ihren Tempel. Sie sind der Meinung, ihr Körper stehe ihnen zu Diensten; mit ihm treiben sie ständig Unfug und richten ihn zugrunde. Unter solchen Umständen ist der Mensch kein Tempel mehr, sondern ein baufälliges Häuschen, eine armselige, dreckige Hütte, voll von hin- und herhuschenden Tieren, wie im Tempel zu Jerusalem, in dem die Händler mit allerlei Vieh und Geflügel handelten. Niemand war darüber empört, und alle fanden das normal. Aber Jesus nahm ein paar Seile als Peitsche und vertrieb sie alle mit den Worten: *»Macht keine Räuberhöhle aus dem Haus meines Vaters.«*

Ihr solltet euch also nicht betragen wie die Verkäufer im Tempel, kein Räubernest aus eurem Körper machen, denn sonst ist es klar, dass der Herr sich nicht bei euch niederlassen wird; sondern niedere, unerwünschte Wesenheiten, weil sie von dem Dreck sehr angetan sind und sich von Unreinheiten ernähren.

Die Menschen sind unaufgeklärt und ahnungslos; ihre übliche Lebensweise verursacht andere Schwingungen in den Zellen und Atomen ihres Körpers. Diese chaotischen Vibrationen im Menschen ziehen dann die um ihn herum schwebenden Unreinheiten an. Der Mensch selbst wird zum Schuttabladeplatz! Dann fangen all diese Materialien, die jeder Ausstrahlung, Leichtigkeit und Subtilität entbehren, zu gären an. Sie erzeugen psychische und physische Krankheiten, die die Menschen überhaupt nicht verstehen, denn sie sehen keinen Zusammenhang zwischen ihrer Lebensweise und ihrem gegenwärtigen Zustand. Das ist jedoch eindeutig.

Oft habe ich euch gesagt, man könne bei der Beobachtung der Insekten vieles erfahren. Wie oft lässt man irgendwo zu Hause etwas Nahrung liegen, dann wimmelt es kurz danach von Insekten. Durch welche Witterung, durch welche Radiästhesiekunst bringen sie es fertig, die Anwesenheit solcher Überbleibsel von weitem wahrzunehmen? Werden diese weggeräumt, dann verschwinden die Insekten im Nu.

Im psychischen Bereich ist es genauso. Auch dort gibt es allerlei Tierchen; von weitem wittern sie die Unreinheiten und wollen es sich schmecken lassen. Überall und auf allen Gebieten ist alles Nahrung für irgendjemanden. Nahrung brauchen alle schädlichen, boshaften, düsteren Kreaturen, ebenso wie die himmlischen. In einer früheren Darlegung habe ich sogar erwähnt, dass auch Gott sich ernährt. Ja, und ihr solltet keinen Anstoß daran nehmen. Der Mensch ernährt sich, warum sollte es Gott nicht tun? Auch Er isst, die Seraphin sind es, die Ihn ernähren. Sie bieten Ihm ihre Emanationen an, d. h. Substanzen von solcher Feinstofflichkeit, von solcher Lauterkeit und Kostbarkeit, wie wir es uns kaum vorstellen können.

Also seid wachsam! Lasst ihr etwas in euch herumliegen, was zu verfaulen und zu verschimmeln beginnt, dann wimmelt es alsbald von Wesenheiten der unsichtbaren Welt, die das genießen.

So viele Menschen sind beunruhigt, verwirrt, unglücklich: Ein Beweis für ihre Unfähigkeit, Gott in sich zu empfangen. Die Anwesenheit des Herrn würde sie jedoch erleuchten, beruhigen. Warum bringen sie es nicht fertig? Sie sollten die Frage ergründen... eben weil sie allerlei Unrat in ihren Körper eingeführt haben. Ihre Türen haben sie dämonischen Wesenheiten aufgesperrt, ohne jemals daran zu denken, dass Gott sich eben aus diesem Grunde nicht in ihnen niederlässt noch einige Seiner Engel zu ihnen sendet. Lebt ein Mensch nicht in einem Zustand absoluter Lauterkeit, dann lässt Gott sich nicht in ihm nieder; Er kann jedoch einen oder mehrere Seiner Vertreter, Engel oder Genien, zu ihm schicken. Hat jemand versäumt, seinen Körper zu läutern, befindet er sich in Kälte und Finsternis, dann sollte er die Folgerung daraus ziehen und zugeben: »Es ist schon wahr; ich habe selbst alles getan, um dorthin zu geraten. Ich habe mich mit obskuren Wesenheiten eingelassen, jetzt hat mich der Himmel verlassen.« Das sollte sich jeder sagen, denn das ist die Wahrheit.

Jeden Tag solltet ihr folglich daran denken, euch zu läutern, euch von bestimmten Gedanken, von bestimmten dunklen, düsteren Gefühlen zu befreien. Ihr solltet diese durch andere ersetzen, von geläuterter, feiner, lichtvoller Natur. Auf diese Weise wird euer Tempel aufgebaut. Dieser Tempel ist es, der als Körper der Herrlichkeit bezeichnet wird; es ist der Körper des Lichtes, der Körper Christi.* Sicher erinnert ihr euch an die Verklärung Jesu auf dem Berg Tabor. Seine Jünger sahen zu, wie er sich – von blendendem Licht umstrahlt – mit Elias und Moses unterhielt. Das eben war sein Körper der Herrlichkeit, der seinen physischen Körper zum Aufleuchten gebracht hatte. Der

* Siehe Kapitel 6 »Der Auferstehungsleib« in der Reihe Izvor Band 209 »Weihnachten und Ostern in der Einweihungslehre«.

Körper der Herrlichkeit ist in jedem von uns vorhanden, in Form von einem winzigen Atom, das wir beleben, erweitern müssen. Um dieses Ziel zu erreichen, muss jeder Mensch die lautersten, lichtvollsten Partikeln des Weltraumes heranziehen.

Jesus hat den Herrn geliebt, Ihn zum Vorbild genommen. Deswegen haben ihn bestimmte Kräfte in dem Umwandlungsprozess seiner eigenen Materie unterstützt. Sein Ideal bestand darin, seinem Himmlischen Vater ähnlich zu werden. Er hat gesagt: *»Ihr sollt vollkommen sein, wie euer Vater im Himmel vollkommen ist!«* (Mt 5,48). Dann hat er alle Wesen der göttlichen Hierarchie herbeigerufen. Seine Zeit widmete er der Betrachtung des Herrn; er betete Ihn an und sprach zu Ihm. Unterdessen ließen sich jene Wesenheiten in ihm nieder, ersetzten alle Teilchen seines Körpers durch andere aus lichtvoller, göttlicher Natur, die sein ganzes Wesen heilig machten.

Jesus hat sich nicht selber mit dem Ersetzen jeder Zelle, jedes Teilchens seines Körpers befasst; das vermag kein Mensch zu tun. Es existieren andere Wesenheiten, die es verstehen, die Struktur der Materie zu erneuern. Unsere Aufgabe ist es, diese Erneuerung zu erbitten. Darin besteht unsere Arbeit; die andere Hälfte fällt jenen Wesenheiten zu. Was macht der Landwirt? Er sät, das ist die Hälfte der Arbeit. Dann setzen sich Regen und Sonne ein; eine Unzahl von Wesenheiten, die im

Wasser, in der Luft und in der Erde leben, machen sich an die Arbeit. Sie üben ihre Wirkung auf den Samen aus, das ist die andere Hälfte der Arbeit. Der Landwirt selber hat damit nichts zu tun, es geht ihn nichts an; ihm obliegt das Säen. Auf genau dieselbe Weise sät ein Eingeweihter den Samen, bewirkt und lenkt bestimmte Verfahren; dann übernehmen die gesamte Natur und die kosmischen Kräfte das Weitere.

Wir alle sind dazu verpflichtet, unseren Körper heilig zu machen wie einen Tempel Gottes, damit er lediglich von lichtvollen Geistern bewohnt werde, damit sich der Heilige Geist selber eines Tages in ihm niederlasse. Dann wird uns nichts fehlen. Erkenntnis und Macht werden uns zur Verfügung stehen. Wir werden in Bewunderung und Ekstase leben, denn unser Körper wird ein Tempel von unvergleichbarer Vollkommenheit sein und mit dem unermesslichen Tempel des Weltalls in Einklang stehen. Es wird ein Tag kommen, an dem wir durch unseren Körper mit dem gesamten Kosmos kommunizieren werden.

Der Herr bewohnt die ganze Natur. Sie ist Sein Wohnsitz und Sein Tempel. Durch die Errichtung des eigenen Tempels kommunizieren wir mit den zahlreichen Tempeln des Universums. Dann werden wir in das universelle Leben mit einbezogen und im kosmischen Bewusstsein leben.

# NACHWORT

Dieses Büchlein möchte ich nicht abschließen, ohne ein paar Worte von höchst wichtiger Relevanz für die Zukunft der Kunst und auch der Menschheit hinzuzufügen.

Wenn ich mir die Ereignisse anschaue (da ich auf dieser Welt lebe, kann ich das, was sich um mich herum abspielt, nicht übersehen), kann ich nicht umhin festzustellen, dass etwas Wesentliches in den Menschen immer mehr verloren geht. Es sind viele Anzeichen dafür vorhanden. Sie wissen nicht mehr, woran sie glauben sollen, welche Richtlinien einzuhalten sind; trotz aller Kultur, Wissenschaft und Fortschritte auf jedem Gebiet werden sie immer unsicherer und verstörter. Meiner Meinung nach (auch ich fühle mich berechtigt, eine eigene Meinung zu haben, wie alle anderen) fehlt es den Menschen an einem wirklich philosophischen System.

Da es jedem freisteht, zu erfinden oder zu glauben, was ihn anspricht, kommen allerlei Ansichten und bizarre Theorien zum Vorschein. Es liegt aber kein System vor, das für die gesamte Menschheit als Grundlage dienen könnte. Es bestehen spirituelle und ethische Traditionen, aber die meisten Menschen halten nichts mehr davon und lassen sich von all dem beeinflussen, was entstellt, verdorben und düster ist. Was aber wirklich vernünftig, klar und harmonisch ist, spricht sie nicht mehr an; die Menschen sind dessen überdrüssig geworden, sie brauchen etwas anderes... einer Abwechslung wegen sind sie bereit, irgendetwas zu tun, egal was.

In der Kunst ist leider diese Tendenz besonders ausgeprägt. Warum sind denn alle Maler, Bildhauer, Musiker, Dichter, Filmregisseure darauf erpicht, immer das Hässliche, das Entstellte, das Chaotische darzustellen? Alle Quellen der Inspiration sollen scheinbar erschöpft sein!... und sie stehen ratlos, untätig da! Sie wissen nicht mehr, wie sie sich in die höheren Sphären erheben können, so wie die früheren Künstler es taten, um dort die Inspiration zu suchen, die Farben, Formen und Melodien des Himmels zu ergreifen und festzuhalten. Nun schlagen sie den abwärts führenden Weg ein, geraten in unterirdische Gänge, tauchen in die dichte Tiefe des Unterbewusstseins; dort unten wimmelt es von Tieren einer prähistorischen

Fauna, die, von der Erdoberfläche verschollen, noch in der menschlichen Seele weiterexistieren in Form von niederen Trieben, Impulsen, Begierden, Gefühlen. Dort wuchern auch giftige Pflanzen, deren Ausdünstungen die Vernunft verwirren.

Gewisse Menschen behaupten, sie seien auf der Suche nach neuartigen Formen. Den Künstlern wird nicht verboten, nach Neuem Ausschau zu halten, im Gegenteil; warum müssen sie sich aber stets nach unten wenden, sich immer weiter von der Quelle entfernen? Sie werden nicht von den Eingeweihten aufgeklärt, sind mit keinerlei Wissenschaft, mit keinerlei Philosophie vertraut; sie lassen sich rückhaltlos vom kreativen Drang, von schöpferischen Impulsen leiten. Wie die eingeschlagene Richtung auch sein mag – gut oder schlecht, lichtvoll oder düster – so bleibt das schöpferische Geschehen natürlich weiterhin möglich. Entfernt man sich von der Quelle, von der geistigen Sonne, dann wird man auch auf neuartige Formen und Aspekte stoßen, bis ins Unendliche. Jene Formen tragen aber zur Verwirrung des Betrachtenden bei. Der Wunsch, schöpferisch zu werden, ist an sich etwas Herrliches; man sollte aber die Bewertung des eigenen Schaffens überprüfen, sonst werden nur fratzenhafte Ungeheuer hervorgebracht. Man hat etwas geschaffen, schon gut, aber was kommt dabei heraus? Wohin führt es? Man macht sich keine Gedanken darüber.

Zur Erklärung wird vorgebracht, die Menschen spürten das Bedürfnis, etwas aus sich selbst hervorzubringen. Besonders originell klingt das nicht. Alle Menschen spüren dasselbe auf irgendeine Weise, aber ist es unbedingt nötig, alles, was heraus will, vorzuzeigen? Zwei- oder dreimal am Tag muss jeder etwas von sich abführen; das wird jedoch keinem auf einem Tablett zum Schnüffeln vorgesetzt. Aber genau das machen bestimmte Schöpfer auf dem Gebiet der Kunst. Sie bieten den anderen ihre Exkremente zum Schnüffeln, zum Schlucken dar. Ihr behauptet, das sei übertrieben! Aber nein, gar nicht! Werden einmal die Künstler in esoterischen Schulen ausgebildet, dann wird ihnen der Weg zum wirklichen Schaffen gezeigt; erst dann werden sie fähig sein, den Himmel widerspiegelnde Kunstwerke zu schaffen, die zu göttlicher Eingebung, völliger Entfaltung der menschlichen Seelen beitragen werden. Welche Bewunderung könnt ihr dagegen jetzt vor solchen Abscheulichkeiten empfinden?

In der Vergangenheit waren zahlreiche Künstler Schüler einer esoterischen Schule. Ihnen wurde offenbart, wie sie sich bis in die höheren Sphären erheben konnten, um dort oben Formen, Farben, Harmonien wahrzunehmen. Sie gaben sich der Meditation und Kontemplation hin, um die göttliche Inspiration in sich aufnehmen zu können. Brachten sie es fertig, diese Eingebungen in ihre

Werke zu übertragen, dann wirkten sich diese Werke auf die Menschen aus, die dadurch aufgefordert wurden, denselben Weg nach oben einzuschlagen. Daher kommt die durch Jahrhunderte hindurch anhaltende Wirkung, die diese Kunstwerke noch heute auf uns ausüben.

Mit allerlei Zeugnissen schließen jetzt die Künstler ihr Studium in Akademien ab; sie sind jedoch mit keinem einzigen esoterischen Gesetz vertraut, sie stellen alle möglichen Theorien auf, um uns davon zu überzeugen, ihre Kunst enthalte eine Philosophie, Gedanken, die der Masse unzugänglich sind. Nein, so sollte es nicht sein. Wird ein Kunstwerk geschaffen, dann sollte ein jeder dessen Sinn verstehen. Wenn dieses Werk einzig und allein für den Künstler selber geschaffen worden ist, sollte es nicht ausgestellt werden. Wozu sollte ein Werk dem Publikum vorgeführt werden, wenn dieses nichts davon versteht? Auch hier, auf dem Gebiet der Kunst, ist die Menschheit von dem Weg abgewichen; die von ihr gewählten Ausdrucksformen sind sinnlos; heutzutage wagt sogar niemand mehr zu sagen, die aktuelle Kunst sei in den meisten Fällen eine Widersinnigkeit. Alle sagen Ja und Amen dazu und applaudieren.

In England stellte vor einigen Jahren ein Maler abstrakte Gemälde aus, die das Entzücken aller Kritiker hervorriefen. Nachdem der Maler die üblichen Komplimente und Glückwünsche entgegengenommen hatte, gestand er, was wirklich geschehen war. Eines Tages verließ er sein Atelier, und die Katze blieb dort eingesperrt zurück. Zum Zeitvertreib tauchte sie Schwanz und Pfoten in die Farbdosen und spazierte auf der Leinwand hin und her. So waren mehrere »abstrakte Gemälde« entstanden, diejenigen eben, die in der Ausstellung zu sehen waren. Die Kritiker waren natürlich außer sich ob der eigenen Lächerlichkeit. Sie hatten den Gemälden einer Katze Bewunderung gezollt... einer Katze, stellt euch das vor! Unter solchen Umständen vermag der erste Beste, sogar ein Baby, irgendetwas zu produzieren und auszustellen.

Ein Beweis dafür: Vor einiger Zeit kam ich mit jemandem ins Gespräch; er sammelte Gemälde moderner Maler. Er war empört, weil ihn einige Gäste bei der Betrachtung jener Bilder ziemlich naiv gefragt hatten, ob Kinder sie gemalt hätten: »Denken Sie nur, wie ungebildet, wie blöde die Leute sind!« Nun, statt sich zu ärgern, hätte er darüber nachdenken sollen. Wäre dieselbe Frage denkbar vor den Gemälden des Leonardo da Vinci, Michelangelo, Raphael, Botticelli, Dürer, El Greco, Velasquez, Van Gogh, Delacroix, Renoir? Viele andere könnten noch erwähnt werden: Giotto, Rembrandt, Tizian, Breughel, Holbein, Cranach, Fragonard, Boucher, Manet, Monet, Degas, Cezanne. Nein, steht man vor diesen Gemälden, dann ist man sicher, dass es Werke genialer Künstler sind. Wenn jemand fragt, ob bestimmte Gemälde einem Kind zuzuschreiben sind, hat er wohl triftige Gründe, solche Fragen zu stellen.

Seid ihr wirkliche Künstler, dann müsst ihr ein Werk zustande bringen, das kein anderer als ihr selbst vollbringen kann. Dieses Werk sollte von solcher Schönheit, von solcher Aufklärungskraft sein, dass jedes Herz, jede Seele fähig werden, sich bis zum Herrn hinaufzuschwingen. Bei der Betrachtung eines solchen Werkes sollte jeder spüren, wie das Streben nach Vollkommenheit in ihm erwacht und immer deutlicher wird. So verstehen die Eingeweihten die Kunst: Die Menschen zum Himmel führen, nicht zur Hölle, zur Kakophonie, zur Verwirrung. Jedermann ist im Stande zu komponieren, zu zeichnen, Gräueltaten zu verfilmen und sie zu zeigen; es ist aber ein Verbrechen, denn auf die Dauer wirken sich die Kunstwerke auf die Mentalität des Publikums aus. Wenn derzeit so viele Menschen verstört sind, liegt eben der Grund darin. Ihnen wird immer häufiger nur Verwirrendes und Hässliches vorgeführt. Alles, was man hört und sieht, wirkt sich auf das Nervensystem aus. Lasst ihr euch in die Betrachtung der Wirrnis ein, dann wird sich diese in euch niederlassen; schaut ihr euch aber die Schönheit und Harmonie an, dann werdet ihr selber schön und harmonisch. Es ist ein magisches Gesetz.

Alles, was seit Jahren auf dem Gebiet der Kunst vor sich geht, spielt sich wider die Natur ab und wird als abstrakte Malerei, konkrete Musik bezeichnet! Nehmen wir die Problematik der Malerei. Ich bin kein Abstraktionsfeind, aber ist es notwendig, Menschen und Landschaften zu zerstückeln und auf diese Weise darzustellen? Keine Strukturierung, bizarre Linien nach allen Richtungen, sinnlos hingeworfene Farbkleckse. Man kennt sich nicht mehr aus, alles scheint zum Chaos zurückzufinden. Das Leben führt uns jedoch nur Beispiele vor Augen, die uns zeigen, wie sich die Dinge abspielen sollten. Zum Beispiel, ihr baut ein Haus. Was bekommt man zuerst zu sehen? Eine Anhäufung von Schrott, Brettern, Ziegelsteinen, Zement, Sand usw. Nach und nach kommen die Fundamente, dann das Mauerwerk zum Vorschein. Eines Tages verschwinden auch die wüsten Haufen: Ein vollständiges Haus steht da, mit angestrichenen Läden, Vorhängen und Blumen an den Fenstern. Zu Beginn herrscht Chaos; am Ende steht ein fertiges, ästhetisches Werk vor unseren Augen. Genauso geschieht es mit der Vorbereitung eines Gerichtes. Zuerst steht alles aufgehäuft und wenig verlockend auf dem Küchentisch. Aber am Ende, wenn ihr das Gericht, schön gebacken, aus dem Ofen herausnehmt, einige Verzierungen dazulegt, welch ein Kunstwerk!... und der Mensch? Zu Beginn ist er bloß ein Tröpfchen Flüssigkeit, aus welcher sich allmählich etwas entwickelt, und eines Tages erscheint ein prachtvolles Kind.

So rollt überall im Universum der naturgemäße Entwicklungsprozess ab; aus dem Chaos sollen Ordnung, Schönheit, Vollkommenheit entstehen. Was derzeit in der Kunst vor sich geht, ist genau das Gegenteil. Die Menschen schreiten dem Chaos entgegen. Man schaut sich ein Bild an und fragt sich, was es wohl darstellen mag: einen Menschen, ein Pferd oder ein Schiff, es liegt keine Differenzierung mehr vor. Der tiefe Sinn der Natur strebt jedoch zur Differenzierung hin. Eine einzige Zelle teilt sich; nach ein paar Monaten entsteht ein Mensch in seiner gesamten Reichhaltigkeit und Komplexität, mit all seinen klar differenzierten Organen. Warum sollten wir jetzt den entgegengesetzten Weg einschlagen und zu Einzellern werden? Nein, das würde einen Rückfall bedeuten. Gewisse Künstler, bestimmte weder geschulte noch aufgeklärte Kunstkritiker versuchen jedoch, uns zu diesem Rückschritt zu führen, wogegen doch der wirkliche Zweck der Kunst in der Vollendung und Vervollkommnung des Werkes bestehen sollte.

Die Natur strebt unablässig nach der Vollendung dessen, was sie angefangen hat. Sie ist dabei, die Menschen, die Tiere, die Blumen, die Kristalle zur Vollendung zu bringen. Unterdessen wollen uns unsere heutigen Koryphäen der Dichtkunst, der Malerei, der Musik zum Chaos zurückführen! Aneinander gereihte Worte, die ein jeder nach Belieben auszulegen vermag, bizarre Geräusche, die als Musik gelten sollen. In der Malerei und Bildhauerkunst: asymmetrische, deformierte Körper, maßlos verlängerte oder verdickte Glieder. Vom magischen Standpunkt aus gesehen ist das sogar schädlich, denn diejenigen, die solche angeblichen Kunstwerke lesen, hören und betrachten, werden in die rückständigsten, dunkelsten Epochen der Erdgeschichte zurückversetzt.

Manchmal schalte ich aus Neugier das Fernsehen ein. Was bekomme ich da zu sehen? Eine Gruppe struppiger Kerle, die mit tierischen Gesichtern herumbrüllen und gestikulieren. Es sollen konzertierende Musiker sein! Wie abscheulich das Ganze aussieht, und welche Kakophonie! Das Publikum – lauter Jugendliche – ist entzückt, über alle Maßen begeistert, springt auf, applaudiert und zappelt herum. Das alles schaue ich traurig an und sage mir: »Um Gottes Willen! Wie soll man da die menschliche Natur noch verstehen? Was geht in der Seele dieser Menschen vor sich, dass sie sich von der Schönheit so weit wegreißen lassen?« Einige ungezügelte, von Erfolg gekrönte Besessene. So stur und streng bin ich doch nicht, dass ich die Jugend tadeln würde, wenn sie ihrer Freude am Leben Ausdruck verleiht. Aber in diesem Fall gibt es meistens keine Spur von Freude; das Leben kommt bloß durch chaotische, unästhetische Bewegungen zum Ausdruck. Raubtiere. Ja, ich sehe sie deutlich vor mir: Die Käfige stehen weit offen, die Raubtiere spazieren hin und her und verschlingen das Gute, das noch in ihnen übrig bleibt... und das Ganze löst allgemeinen Applaus aus!

Bei solchem Anblick vergeht mir fast die Hoffnung, die Menschen je zu etwas Schönem, Vernünftigem führen zu können. Den hinabsteigenden Weg müssen sie gehen, bis sie auf den Grund geraten. Wie sollten sie die Hauptgesetze der Schöpfung und der Natur begreifen? Nie haben sie das Geringste an sich selbst getan; sie haben keine Ahnung, dass es eine solche Arbeit überhaupt gibt. Sie können nur eines: Die Raubtiere aus dem Käfig loslassen, das ist alles. Und so etwas soll Freiheit heißen! Ja, man ist frei, unabhängig... ungezügelt!

Ab und zu habe ich Gelegenheit gehabt, mich mit Jugendlichen über ihre geliebte Musik zu unterhalten, und oft bin ich über ihre Überlegungen und Schlussfolgerungen verblüfft. Es klingt, als sei für sie die gesamte Musik der vergangenen Jahrhunderte nichts wert, es existieren nur ihre »Idole«, wie sie sie nennen. Sie sind alle so unwissend, dass einige mich darum gebeten haben, eine Liste von den großen Musikern auszulegen, die sie kennen sollten. Diese Liste ist lang, das ist klar: Mozart, Haydn, Händel, Beethoven, Vivaldi, Chopin, Liszt, Purcell, Schubert, Schumann, Tschaikowski, Verdi, Paganini, Berlioz, Dvorak, Mendelssohn. An berühmten Musikern fehlt es nicht. Wie viele andere könnte man noch hinzufügen!

Es ist von höchster Wichtigkeit, sich eine Musik anzuhören, die die Seele mit Schönheit und Harmonie prägt. Ich kann es nicht oft genug wiederholen: Diese neumodische Musik ist sehr schädlich, sie fördert bei den Jugendlichen Verwirrung und Labilität, zerrüttet ihr Nervensystem, hetzt sie auf zur Anwendung von Gewalt; ihre Erregung und Aggressivität werden dadurch noch gesteigert. Man sollte sich nicht wundern, wenn immer mehr Straftäter Bomben werfen und den ersten Besten überfallen. Bald wird sich jeder fürchten, das Haus zu verlassen.

Leider zieht die Masse nicht diejenigen vor, die ihr bis zu den hohen Gipfeln emporhelfen könnten, sondern jene, die ihnen mit Schmeichelei und Befriedigung ihrer niederen Triebe gefallen wollen. Schriftsteller, Künstler, Filmregisseure, sie alle sind da, um die Masse zufrieden zu stellen, egal, ob sie dabei erkranken und ihre Gesundheit zugrunde richten. Die Masse muss befriedigt werden. Sie brauchen den Applaus, sie nähren sich davon. Geht es denjenigen, die mit der Führung eines Volkes beauftragt sind, nur darum, ihm zu gefallen, dann bedeutet das den Verfall einer Zivilisation. Das Volk muss befriedigt werden, das ist klar, aber nicht, indem man ihm das verschafft, was seine niedere Natur verlangt, nämlich Ausschweifung, Grausamkeit, Entsetzen. Wo ist die gute, alte Zeit, da ein ganzes Volk den Aufführungen von Äschylos, Sophokles, Euripides, Aristophanes beiwohnte?

Die Künstler sind sich nicht der Rolle bewusst, die sie spielen können, um die Menschheit weiterzubilden. Sie verstehen es nicht, aus den Kräften, die Gott ihnen zugeteilt hat, Nutzen zu ziehen, um die Seelen zum Erwachen zu bringen. Sie vergeuden diese Kräfte; sie spielen, singen oder malen, aber leider wird damit die Entwicklung der Menschheit nicht gefördert. Sie tragen nur zur Unterhaltung der Menschen bei, schmeicheln ihren Begierden, ihren Grillen, um Geld oder Ruhm zu erlangen. Bei manchen macht sich die Tendenz bemerkbar, die derbste, ekelhafteste Realität in ihren Werken darzustellen, als wäre sie uns nicht bekannt genug. Für die Entfaltung des Menschen wäre es viel besser, ihn in die Herrlichkeit einer zauberhaften Welt zu versetzen, damit die Sehnsucht nach dem Wunderbaren in ihm wach werde und ihn nicht mehr verlasse. Ihr werdet einwenden, dies sei eine irreale Welt! Gerade diese irreale Welt ist die absolute Realität. Dort fühlt man das wahre Leben, ohne Schwergewicht im Lichte schwebend. Der sogenannte Realismus des modernen Künstlers bedeutet hingegen den Tod. Mit beschnittenen Flügeln kann keiner mehr fliegen, er wird vernichtet durch diese Realität: Abfälle, Schlacken der wirklichen Realität. Natürlich veranschaulichen ihre Werke die Wirklichkeit bis zu einem gewissen Grade; mittelmäßig und miserabel ist aber der Gewinn, denn in ihm ist nur die materielle Ebene vorhanden. Die wirkliche Realität sollte oben, im Bereich der Seele, des Geistes gesucht werden.

Man kann nicht leugnen, dass manche Künstler versuchen, die groben Bande, die sie an die Materie fesseln, zu sprengen. Aber ihre Unkenntnis der spirituellen Gesetze hindert sie daran, sich in den freien Raum erheben zu können. Sie verstehen es nicht, sich bis zu den höchsten Stufen des Überbewusstseins hinaufzuschwingen. Dort können sie die Harmonie des kosmischen Lebens wahrnehmen und sie dann durch ihre Kunst übermitteln. Ohne Arbeit an sich selbst, ohne Kenntnis der Gesetze, die die drei Welten regieren – die materielle, die geistige und die göttliche – bringt es niemand fertig, ein großer Künstler zu werden.

Deswegen kann man sagen, dass die Eingeweihten wirkliche Künstler sind. Sie besitzen die Kenntnis der drei Welten in ihrer Gesamtheit, ebenso wie Hermes Trismegistos, dessen Name »dreimal groß« bedeutet, weil er diese Kenntnis der drei Welten besaß. Die Form entspricht der materiellen Welt, der Inhalt der geistigen Welt und der Sinn der göttlichen Welt. Die meisten Menschen sind von diesen Wahrheiten weit entfernt, sie glauben nur an die Existenz der materiellen Ebene und ignorieren die subtile Seite. Während ein Eingeweihter, ein großer Meister in der subtilen Welt lebt. Er atmet, denkt, wünscht, arbeitet, kreiert unaufhörlich in Verbindung mit der subtilen Welt. Jene Welt ist der Bereich des wahren Lebens. Auch wenn dieses Leben nicht sichtbar ist, ist es eine Realität; es ist sogar das Wesentliche. Ein Beweis: Kommt ihr ums Leben, dann seid ihr nur noch eine Leiche. Was sagt man dann? »Er soll begraben werden!«

Ein Meister, ein Eingeweihter ist ein Mensch, der sich durch seine geistige Arbeit unendlich entwickelt, erweitert, vertieft, geläutert, verschönert hat. Er kommuniziert dann mit den himmlischen Sphären, dort, wo eine Vielzahl harmonischer, kluger, vollkommener Wesen leben. Er lernt, entwickelt und bereichert sich bei diesem Umgang; die anderen Menschen hingegen bleiben Tiere, weil sie die Verbindung mit diesen erhabenen Wesen abgebrochen haben. Ein Meister weiß mit absoluter Sicherheit, dass auf der höchsten Stufe der Hierarchie eine göttliche Welt existiert. In dieser Welt herrschen und walten himmlische Wesen, deren Pracht und Herrlichkeit, Glanz und Glorie über alle Vorstellungskraft hinausreichen. Da er mit diesen Wesen verbunden ist, teilt er nur Glück und Segen aus.

Ja, nur der Eingeweihte ist ein wirklicher Künstler; all diese angeblichen Künstler, die ihrer »Inspiration« blind folgen, ohne zu wissen, woher sie kommt, sind Schädlinge. Die Inkonsequenz der Menschen springt jedem in die Augen. Erlaubte sich jemand, auf dem Markt oder in den Lebensmittelgeschäften vergiftete oder gesundheitsschädliche Nahrungsmittel zu verkaufen, dann würden alle protes tieren, und die Geschäftsleute würden bestraft. Aber auf den intellektuellen oder künstlerischen Gebieten steht es jedem frei, das Publikum mit vergifteten Mitteln, sogar mit Exkrementen zu ernähren.

Weshalb geben die Menschen zu, dass es auf dem Gebiet der Wissenschaft Gesetze gibt, die bekannt sind und befolgt werden müssen: Gesetze der Physik, der Chemie, der Elektrizität, des Magnetismus? Auf dem ethischen Gebiet ist es auch so; es gibt Gesetze, denen sich jeder unterwerfen muss, sonst wird er von den anderen bestraft, verhöhnt oder gehasst. Doch hier auf dem Gebiet der Kunst wird keinerlei Gesetz mehr anerkannt. Jeder ist frei – nach Belieben und auf irgendwelche Weise – zu schaffen. Aber nein! Auf dem Gebiet der Kunst gibt es dieselben Gesetze, dieselben Notwendigkeiten, dieselben Forderungen wie auf dem Gebiet der Wissenschaft oder der Ethik. Wer sie nicht beachtet, wird nicht nur kein wirklicher Künstler werden, sondern sich sogar als Übeltäter manifestieren.

Fähig zu sein, zwischen schön und hässlich, nützlich und schädlich, echt und falsch zu unterscheiden, ist eine Eigenschaft, die einzig und allein den Menschen zukommt, die in diesem so wertvollen und großartigen geistigen Wissen ausgebildet worden sind. Ohne jenes Wissen wird die Menschheit weiter herumwühlen, leiden und zugrunde gehen.

Liebe Leser, hier habt ihr – kurz zusammengefasst – vor Augen, was ein wirklicher Künstler ist. Euer Leben lang habt ihr die Möglichkeit nachzudenken, meine Bücher zu lesen. Hier könnt ihr die günstigsten, die wirksamsten Mittel herausfinden, um die Ankunft des Reiches Gottes auf Erden zu beschleunigen und zum Wohltäter der Menschheit zu werden. Selig seien diejenigen, die mich verstanden haben. Umso schlimmer wird es sein für jene, die nicht verstehen wollen. Von ihnen wird keine Spur übrig bleiben. Derartig Besessene, die sich den Anordnungen der kosmischen Intelligenz nicht fügen, werden von ihr nicht lange geduldet. Mit ihr sollte man sich harmonisieren, in Einklang stehen und die wirkliche Schönheit hervorbringen.

Le Bonfin, den 14.Januar 1986

*Vom selben Autor*
**Reihe Gesamtwerke**

| | |
|---|---|
| 1 | Das geistige Erwachen |
| 3 | Die beiden Bäume im Paradies |
| 4 | Das Senfkorn – Symbole im Neuen Testament |
| 5 | Die Kräfte des Lebens |
| 6 | Die Harmonie |
| 7 | Die Reinheit, Grundlage geistiger Kraft |
| 9 | »Im Anfang war das Wort« |
| 10 | Sonnen-Yoga (Surya-Yoga) Die Herrlichkeit von Tiphereth |
| 11 | Der Schlüssel zur Lösung der Lebensprobleme |
| 12 | Die Gesetze der kosmischen Moral |
| 13 | Die neue Erde |
| 16 | Alchimie und Magie der Ernährung – Hrani-Yoga |
| 27 | Die Pädagogik in der Einweihungslehre |
| 32 | Die Früchte des Lebensbaums |
| 14/15 | Liebe und Sexualität (Doppelband) |
| 17/18 | Erkenne Dich selbst – Jnani Yoga (Doppelband) |
| 23/24 | Eine neue Religion (Doppelband) |
| 25/26 | Der Wassermann und das Goldene Zeitalter (Doppelband) |

*Vom selben Autor*

**Taschenbuchreihe IZVOR**

200 Hommage an Meister Peter Deunov
201 Auf dem Weg zur Sonnenkultur
202 Der Mensch erobert sein Schicksal
203 Die Erziehung beginnt vor der Geburt
204 Yoga der Ernährung
205 Die Sexualkraft
206 Eine universelle Philosophie
207 Was ist ein geistiger Meister?
208 Das Egregore der Taube – Innerer Friede und Weltfriede
209 Weihnachten und Ostern in der Einweihungslehre
210 Die Antwort auf das Böse
211 Die Freiheit, Sieg des Geistes
212 Das Licht, lebendiger Geist
213 Die menschliche und göttliche Natur in uns
214 Liebe, Zeugung und Schwangerschaft
215 Die wahre Lehre Christi
216 Geheimnisse aus dem Buch der Natur
217 Ein neues Licht auf das Evangelium
218 Die geometrischen Figuren und ihre Sprache
219 Geheimnis Mensch. Seine feinst. Körper u. Zentren
220 Der Tierkreis, Schlüssel zu Mensch und Kosmos
221 Alchimistische Arbeit und Vollkommenheit
222 Die Psyche des Menschen
223 Geistiges und künstlerisches Schaffen
224 Die Kraft der Gedanken
225 Harmonie und Gesundheit
226 Das Buch der göttlichen Magie
227 Goldene Regeln für den Alltag
228 Einblick in die unsichtbare Welt
229 Der Weg der Stille
230 Die Himmlische Stadt
231 Saaten des Glücks
232 Feuer und Wasser - Wunderkräfte der Schöpfung
233 Eine Zukunft für die Jugend
234 Die Wahrheit, Frucht der Weisheit und der Liebe
235 Im Geist und in der Wahrheit - Wie finde ich zu Gott
236 Weisheit aus der Kabbala
237 Das kosmische Gleichgewicht - Die Zahl 2
238 Der Glaube versetzt Berge
239 Die Liebe ist größer als der Glaube
241 Der Stein der Weisen
242 Unerschöpfliche Quellen der Freude
243 Das Lächeln des Weisen

*Vom selben Autor*

**Reihe Broschüren**

| | |
|---|---|
| 301 | Das neue Jahr |
| 302 | Die Meditation |
| 303 | Die Atmung |
| 304 | Der Tod und das Leben im Jenseits |
| 305 | Das Gebet |
| 306 | Musik und Gesang im spirituellen Leben |
| 307 | Das hohe Ideal |
| 309 | Die Aura |
| 311 | Wie Gedanken sich in der Materie verwirklichen |
| 312 | Die Reinkarnation |
| 313 | Das Vaterunser |
| 315 | Die Quelle des Lebens |
| 318 | Die wesentliche Aufgabe der Mutter während der Schwangerschaft |
| 319 | Die Seele, Instrument des Geistes |
| 320 | Menschliches und göttliches Wort |
| 321 | Weihnachten und das Mysterium der Geburt Christi |
| 322 | Die spirituellen Grundlagen der Medizin |
| 323 | Meditationen beim Sonnenaufgang |

Unterschied zwischen den Buchreihen:

### *Reihe Gesamtwerke*

Diese Bücher enthalten in jedem Kapitel einen Vortrag von Omraam Mikhael Aivanhov (außer Band 13).

### *Reihe Izvor*

Jedes Kapitel enthält Auszüge aus den Vorträgen Omraam Mikhael Aivanhovs. Die Texte der Reihe Izvor sind teilweise in den Büchern der Reihe Gesamtwerke enthalten.

### *Reihe Broschüren*

Themenbezogene Auszüge aus den Büchern der Reihen Gesamtwerke und Izvor.

**Auslieferung der Bücher**

Éditions PROSVETA S.A. - B.P. 12 - F-83601 Fréjus Cedex (France)
Tel. (+33) 04 94 19 33 33 - Fax (+33) 04 94 19 33 34

**DEUTSCHLAND**
PROSVETA Verlag GmbH, Postfach 1652, 78616 Rottweil
Tel. 0741-46551, Fax 0741-46552
E-Mail: prosveta7@aol.com
Internet: www.prosveta.de

**ÖSTERREICH**
HARMONIEQUELL, Hof 37/4, 5302 Henndorf
Tel. und Fax 06214 7413
E-Mail: info@prosveta.at
Internet: www.prosveta.at

**SCHWEIZ**
PROSVETA, Société Coopérative
Chemin de la Ceramone 13
1808 Les Monts-de-Corsier
Tel. 021 9219218, Fax 021 9229204
E-Mail: prosveta@prosveta.ch
Internet: www.prosveta.ch

---

Wenn Sie sich über die Anwendung der Lehre von Omraam Mikhael Aivanhov informieren möchten wenden Sie sich bitte an eine der folgenden Adressen:

Deutschland
UWB e.V., Marienstr. 33, 78588 Denkingen
Internet: www.uwb-ev.de, E-Mail: uwb@uwb-ev.de

Schweiz
FBU, Chemin de la Céramone, 1808 Les-Monts-de-Corsier
Telefon 021-921 93 90, Telefax 021-923 51 27

Österreich
UWB, Postfach 335, 5016 Salzburg